KB183941

중급일본어
어휘 · 문형
해설

이동욱 · 이병만 지음

제이앤씨
Publishing Company

한국인 일본어 학습자가 수준 높은 일본어를 구사하기 위해서는 한일 양 언어 사이에 존재하는 다양한 이질적 특성을 파악하고 이들에 익숙해져야 한다. 이 점 때문에, 중급 이상 일본어 학습자들은 양 언어 간 이질적 특성에 주목하며 이들에 대한 학습에 많은 시간과 노력을 할애한다. 그러나 이러한 학습 과정은 그렇게 녹록한 것은 아니다. N1, N2 레벨의 일본어 학습자들에게 이런 말을 자주 듣는다.

"일본어를 학습하면서 어려운 점 중 하나는, 하나의 한국어에 복수의 일본어가 대응하는 경우이다. 예를 들면, 조건을 나타내는 한국어 '면'에 대응하는 일본어는 〈ーと/ーば/ーたら/ーなら〉 4개이다. 추측을 나타내는 'ー같다'에는 〈ーそうだ/ーようだ/ーみたいだ/ーらしい〉 4개가 대응한다. '내려가다': 〈おりる/さがる/くだる〉, '열다': 〈あける/ひらく〉, '알다': 〈わかる/しる〉 등도 마찬가지이다. 이러한 사례는 일일이 열거하기 힘들 정도로 많다. 그런데 왜? 라는 질문에 돌아오는 답은 영 시원치가 않다. 이런 궁금증 해소를 위해 여러 서적을 뒤져봐도 원하는 답은 찾기가 쉽지 않다."

과연 그러하다. 필자 또한 그런 경험이 있었기에 더욱 공감이 가는 이야기다. 문제해결을 위한 답으로 주변으로부터 많이 들을 수 있는 말 중 하나는 "일본어 노출도를 더욱 높여 양 언어 간 차이들을 감각적으로 익혀가야 한다."와 같은 조언이다. 대답이 좀 막연하기도 하며 황당하기도 하다. 한국인의 입장에서 한일 양 언어의 이질적 특성을 감각적으로 인식하고 그것을 구별하여 구사할 정도가 되려면 너무나 많은 시간과 노력이 필요하기 때문이다. 일반적으로 그러한 능력은 '일본 헌지 장기 체류'라는 전제를 붙여야 비로소 습득 여부를 따질 수 있는 것이다.

필자가 원했던, 그리고 학습자들이 원하는 것은, 하나의 한국어에 대응하는 복수의 일본어들이 갖는 역할, 즉 기능 분담에 대한 설명이다. 그런데 역시 서점을 둘러보아도 이런 갈증을 단번에 풀어줄 만한 서적류는 그다지 눈에 들어오지 않는다. 물론

학계에서도 오래전부터 학습자들의 이러한 요구에 대한 고민과 검토 그리고 관련 연구 및 교육모델 개발 등에 온 힘을 기울여 왔으며, 해당 분야에서 여러 성과를 거두어 온 점 또한 사실이다. 그러나 그 성과물들의 대부분은 학술논문이나 전문서 레벨의 개별적, 단편적, 산발적 사례연구 형태로 남아 있어 일반 학습자들이 접근하기에는 어려움이 있다. 접근이 가능하다 해도 학술적 설명이나 해설의 난해함은 수요자에게 또 하나의 장벽이 될 뿐이다.

이 문제에 대해 누군가 나서야 한다. 개별적, 단편적, 산발적 사례연구들을 하나로 묶는 작업이 필요하다. 또 각 사례에 대해 쉽고 간결하며 명쾌한 해설을 덧붙이는 작업도 필요하다. 오래 방치된 문제이기에 누군가를 마냥 기다릴 수만도 없다. 그렇다면 일단 필자가 나서 보는 것은 어떨까. 부족 부분은 누군가가 또 채워줄 것이다. 그렇게 믿고 시작해 보자. 본서의 집필은 이렇게 시작이 되었다. 그리고 이제야 어느 정도 정리가 되어 마무리를 눈앞에 두고 있다. 출간에 즈음하여 위와 같이 본서의 집필 목적 및 배경에 대해 밝혀 두는 바이다.

『중급일본어 어휘·문형 해설』은 중급 이상의 일본어 학습자들을 대상으로 한 일본어 어휘·문형 해설집이다. 한국어와 유사한 의미를 지니면서도 기능이나 용법 면에서는 차이가 있는 중급 레벨의 일본어 어휘와 문형을 중심으로 수록하였으며, 학습자들의 이해를 돕기 위해 최대한 알기 쉬운 해설과 함께 관련 예문, 문제 풀이도 덧붙였다.

여러 제한 때문에 한국인 일본어 학습자들이 헷갈리고 어려워하는 모든 어휘·문형들을 망라하지 못하였지만, 그동안 여러분이 궁금해하고 답답해 왔던 점들의 상당 부분은 본서를 통해 충분히 해소될 수 있으리라 생각한다. 부디 독자 여러분들의 일본어 능력 향상에 본 교재가 큰 도움이 되기를 진심으로 기원한다.

2024년 11월 9일
대표 저자 이 동 욱

목차

중급일본어 어휘 · 문형 해설

きもち

☑ Point 1 : 의미　기분, 마음, 느낌.

☑ Point 2 : 쓰임　인간의 감정이나 신체 감각을 나타내는 말이다.

예문

① ゴキブリ? わー　気持ち悪い。

② 足のマッサージは気持ちいいね。

③ 悔しい気持ちでいっぱいだ。

① 바퀴벌레? 아 ― 기분 나빠(징그럽다).
② 발 마사지는 기분이 좋지.
③ 분한 기분으로 가득 차 있다.

알아두기

〈きもち〉는 주로 생리 작용에 의한 구체적 감정(느낌, 기분)이나 신체 감각을 나타내는 데 사용된다. 생리 작용에 의한 것이 아닐지라도 희로애락 등 구체적 심리상태를 나타내는 경우에는 사용할 수 있다. 〈ーたいという気持ち〉와 같이 의지, 희망이 담길 경우에는 〈きぶん〉은 못 쓰며 〈きもち〉만 사용한다. 사람이 처한 상황에 대해 그 기분, 마음, 느낌을 이해한다고 할 경우에도 보통 〈きもち〉를 사용한다.

気持ち 기분　悪い 나쁘다　足 발　悔しい 분하다

1. 과음을 해서 기분이 나쁘다(구토가 나올 것 같다).

_____

2. 너의 기분은 이해하지만, 지금은 안 돼.

_____

☑   1. お酒を飲み過ぎて、気持ちが悪い。
    2. 君の気持ちはわかるけど、今はダメだ。

문제풀이   Question : 괄호 안에 들어갈 가장 적절한 것을 하나 고르시오.

1. 温泉に入ると、(   )いいね。

   ① つかれ   ② こころ
   ③ きもち   ④ かんがえ

2. アメリカへ行きたいという(   )がよく伝わってきた。

   ① きもち   ② よてい
   ③ きぶん   ④ つもり

☑   1. ③   2. ①

お酒 술   飲み過ぎる 과음하다   気持ち 기분   悪い 나쁘다   君 너   今 지금   温泉 온천
入る 들어가다   行く 가다   伝わる 전해지다

きぶん

☑ Point 1 : 의미   기분, 마음, 느낌.

☑ Point 2 : 쓰임   인간의 감정이나 신체 감각을 나타내는 말이다.

예문

① いいことがあったので気分がいい。

② 飲みに行く気分ではない。

③ 仕事で怒られると気分が悪くなる。

① 좋은 일이 있어서 기분이 좋다.
② 술 마시러 갈 기분이 아니다.
③ 일로 혼나면 기분이 나빠진다.

알아두기

〈きぶん〉은 주로 심리 작용에 의한 막연한 감정(느낌, 기분)이나 신체 감각을 나타내는 데 사용된다. 〈きぶん〉이 나타내는 신체 감각은 주로 몸 전체가 느끼는 컨디션에 한정된다. 〈祭り気分・クリスマス気分〉 등과 같이 '－분위기'를 뜻할 때는 〈きもち〉는 사용할 수 없으며 〈きぶん〉을 사용한다. 〈きもち / きぶん〉은 뜻이 유사하여 의미상 겹치는 부분도 있지만, 쓰임에 따라 강조하는 느낌이 달라지므로 주의하도록 한다.

気分 기분   飲みに行く 술 마시러 가다   仕事 일   怒られる 혼나다   悪くなる 나빠지다
祭り気分 축제 기분   クリスマス気分 크리스마스 기분

---

1. 과음을 해서 기분이 나쁘다(몸 컨디션이 나쁘다).

　　_____

2. 푹 자서 오늘 아침은 기분이 좋다(몸 컨디션이 좋다).

　　_____

☑　1. お酒を飲み過ぎて、気分が悪い。
　　2. ぐっすり寝たので今朝は気分がいい。

문제풀이　Question : 괄호 안에 들어갈 가장 적절한 것을 하나 고르시오.

1. (　　　　)転換に買い物に行こう。

　　① きもち　　　　　　　　　② こころ
　　③ つもり　　　　　　　　　④ きぶん

2. クリスマス(　　　　)がいっそう高まっている。

　　① きぶん　　　　　　　　　② こころ
　　③ きもち　　　　　　　　　④ つもり

☑　1. ④　2. ①

お酒 술　飲み過ぎる 과음하다　気分 기분　悪い 나쁘다　寝る 자다　今朝 오늘 아침
転換 전환　買い物 쇼핑　行く 가다　高まる 고조되다

いえ / うち

☑ Point 1 : 의미　집 / 가정.

☑ Point 2 : 쓰임　사람이 거주하는 건물 또는 거기에 속한 가정을 나타내는 말이다.

예문

① 家を建てる。

② うちは4人家族だ。

③ うちに遊びに来い。

① 집을 짓는다.
② 우리 집은 4인 가족이다.
③ 우리 집에 놀러 와라.

알아두기

일반적으로 〈いえ〉는 사람이 사는 건축물(House)의 뜻으로, 〈うち〉는 그곳에 살고 있는 가정(Home)의 뜻으로 구별되어 사용된다. 둘 다 한자 〈家〉를 쓰지만 〈いえ〉는 한자로 표기하며, 〈うち〉는 한자를 안 쓰고 가나로 표기하는 경향이 있다. 〈うち〉는 우리 집, 집 안, 가족 구성원 등의 의미를 포괄한다. 〈うちの〉는 〈うちの子・うちの会社〉 등과 같이 한국어 '우리'에 해당하는 뜻으로도 사용된다.

家 집　建てる 짓다　4人 4인　家族 가족　遊びに 놀러　来る 오다　うちの子 우리 아이
うちの会社 우리 회사

---

1. 집 열쇠 어디 갔지?

_____

2. 빨리 집에 가고 싶다.

_____

☑ 1. 家の鍵、どこいったんだろう。
    2. 早くうちに帰りたい。

문제풀이   Question : 괄호 안에 들어갈 가장 적절한 것을 하나 고르시오.

1. 二階建ての(   )を買った。

    ① うち   ② そと
    ③ なか   ④ いえ

2. (   )の会社は無駄な会議が多い。

    ① いえ   ② そと
    ③ うち   ④ なか

☑ 1. ④   2. ③

家 집   鍵 열쇠   早く 빨리   帰る 집에 가다   二階建てのいえ 이층집   買う 사다   会社 회사   無駄だ 쓸데없다   会議 회의   多い 많다

おと / こえ

☑ Point 1 : 의미　소리 / (목)소리.

☑ Point 2 : 쓰임　사물, 사람, 동물, 새, 벌레 등의 소리를 나타내는 말이다.

예문

① 変な音がする。

② 声がかれてしまった。

③ せみの鳴き声が聞える。

① 이상한 소리가 난다.
② 목소리가 쉬어 버렸다.
③ 매미 울음소리가 들린다.

알아두기

일본어에서는 사물이 내는 소리(⟨おと⟩)와 그 외 사람, 동물, 새, 벌레 등의 소리(⟨こえ⟩)를 구별한다. 신, 유령, 인형, 로봇 등이 내는 사람 소리 또한 ⟨こえ⟩의 범주 안에 넣는다.

変だ 이상하다　音 소리　声 목소리　鳴き声 우는 소리　聞える 들리다

1. 멀리서 종소리가 들려온다.

_____

2. 안 들리니까 큰 소리로 말해 주세요.

_____

☑ 1. 遠くから鐘の音が聞えてくる。
   2. 聞こえないので大きい声で話してください。

문제풀이   Question : 괄호 안에 들어갈 가장 적절한 것을 하나 고르시오.

1. 雷の(   )に、驚いて目が覚めた。

   ① こえ   ② けむり
   ③ おと   ④ あかり

2. 笑い(   )が絶えない家には必ず幸福が訪れる。

   ① おと   ② ごえ
   ③ のど   ④ くび

☑ 1. ③   2. ②

遠くから 멀리서   鐘 종   音 소리   聞える 들리다   大きい 크다   声 목소리   話す 말하다
雷 천둥   驚く 놀라다   目が覚める 잠이 깨다   笑い声 웃음소리   絶える 끊기다   家 집
必ず 반드시   幸福 행복   訪れる 찾아오다

のど / くび

☑ Point 1 : 의미　목.

☑ Point 2 : 쓰임　식도에서 기관에 이르는 부분 또는 머리와 등을 연결하는 부분을 나타내는
말이다.

예문

① 喉が渇いた。

② 喉がかれてしまった。

③ 首が痛い。

① 목이 마르다.
② 목이 쉬어 버렸다.
③ 목이 아프다.

알아두기

한국어에서는 구분하지 않는 '목'을 일본어에서는 구분하여 나타낸다. 목의 안쪽 식도
에서 기관에 이르는 부분을 가리켜 〈のど〉라 하며 바깥쪽 머리와 등을 연결하는 부분을
가리켜 〈くび〉라 한다.

喉(のど) 목　渇(かわ)く 마르다　首(くび) 목　痛(いた)い 아프다

---

1. 떡이 목에 막혔다.

_____

2. 목을 길게 빼고 기다리다(학수고대하다).

_____

☑   1. お餅が喉につまった。
    2. 首を長くして待つ。

Question : 괄호 안에 들어갈 가장 적절한 것을 하나 고르시오.

1. カラオケ(   )自慢大会のお申し込みを受け付けております。

    ① はな   ② くび
    ③ おと   ④ のど

2. アルバイト先を(   )になった。

    ① くび   ② のど
    ③ こえ   ④ おと

☑   1. ④   2. ①

お餅 떡 喉 목 首 목 長く 길게 待つ 기다리다 のど自慢 노래자랑 大会 대회
お申し込み 신청 受け付ける 접수하다 アルバイト先 아르바이트 자리

おなか / はら

☑ Point 1 : 의미　배.

☑ Point 2 : 쓰임　신체 부위 '배'를 나타내는 말이다.

예문

① お腹空いた。

② 腹減った。

③ お腹が痛い。

① 배고프다.
② 배고프다.
③ 배가 아프다.

알아두기

신체부위 '배'를 나타내는 〈腹〉는 〈なか / はら〉 양쪽으로 읽힌다. 접두어 〈お〉가 붙을 경우에는 〈おなか〉로 읽으며, 붙지 않을 경우에는 〈はら〉로 읽는다. 〈おなか〉는 여성들이 많이 쓰며 정중한 느낌이 있다. 〈はら〉는 남성들이 많이 사용하며 투박한 느낌이 있다. 〈おなか〉가 사람의 뱃속만을 지칭하는데 비해 〈はら〉는 조금 더 의미 영역대가 넓어서 담력, 기분, 마음, 심성 등과 같은 추상적 의미도 나타낸다. 배가 고프다는 말은 일반적으로 〈お腹空いた·腹減った〉와 같이 하지만 이와 더불어 〈お腹減った·腹空いた〉라 표현하기도 한다.

お腹空いた · 腹減った 배고프다　痛い 아프다　お腹減った · 腹空いた 배고프다

1. 그렇게 먹으면 배탈 나.

_____

2. 마음을 털어놓고 이야기하자.

_____

☑　1. そんなに食べたら、お腹壊すよ。
　　2. 腹を割って話そう。

문제풀이　Question : 괄호 안에 들어갈 가장 적절한 것을 하나 고르시오.

1. (　　　　)の赤ちゃんは順調ですか。

　　① おしり　　　　　　　　② おなか
　　③ せなか　　　　　　　　④ おでこ

2. (　　　　)が立つなら親を思い出せ。

　　① はら　　　　　　　　　② おなか
　　③ せなか　　　　　　　　④ くび

☑　1. ②　2. ①

食べる 먹다　お腹を壊す 배탈 나다　腹を割る 마음을 털어놓다　話す 이야기하다
お腹の赤ちゃん 뱃속의 아기　順調だ 순조롭다　腹が立つ 화가 나다　親 부모
思い出す 생각해 내다

どきどき / わくわく

☑ Point 1 : 의미　두근두근(울렁울렁).

☑ Point 2 : 쓰임　긴장, 두려움, 불안, 설렘, 기대 등과 관련된 인간의 감정을 나타내는 말이다.

예문

① 試験の前日はどきどきして眠れなくなる。

② 彼女のことを考えると胸がどきどきする。

③ プレゼントをもらうのが楽しみでわくわくしている。

① 시험 전날은 두근거려서 잠을 못 자게 된다.
② 그 여자를 생각하면 가슴이 두근거린다.
③ 선물 받는 것이 기대되어 두근거린다.

알아두기

〈どきどき〉가 긴장, 두려움, 불안, 기대 등을 나타내는 데 폭넓게 사용되는 반면 〈わくわく〉는 주로 설렘과 기대를 나타낼 때 사용된다.

試験 시험　前日 전날　眠れる 잘 수 있다　彼女 그 여자　考える 생각하다　胸 가슴
楽しみ 즐거움, 기대

1. 작은 일에도 심장이 두근거린다.

_____

2. 내일부터 대학 생활이 시작되는 건가. 기대되네.

_____

☑ 1. 小さなことにも心臓がどきどきする。
   2. 明日から大学生活が始まるのか。わくわくする。

문제풀이　Question : 괄호 안에 들어갈 가장 적절한 것을 하나 고르시오.

1. ジェットコースターに乗る前はいつも(　　　　)する。

   ① きらきら　　　　　　　② げらげら
   ③ だらだら　　　　　　　④ どきどき

2. 贈り物の蓋を開ける時みたいに(　　　)しているわ。

   ① うずうず　　　　　　　② わくわく
   ③ ごろごろ　　　　　　　④ ちらちら

☑ 1. ④　2. ②

小さな 작은　心臓 심장　明日 내일　大学生活 대학생활　始まる 시작되다　乗る 타다
前 전　贈り物 선물　蓋 뚜껑　開ける 열다　時 때

なる

☑ Point 1 : 의미　되다.

☑ Point 2 : 쓰임　명사에 결합하여 '−가 되다'의 의미를 나타내는 말이다.

예문

① 大統領になる。

② もう3時になった。

③ 彼は学者となった。

① 대통령이 되다.
② 벌써 3시가 되었다.
③ 그 사람은 학자가 되었다.

알아두기

주격 조사로 〈が〉 대신 〈に〉가 오는 점을 알아두자. 〈に〉 자리에 〈と〉가 올 수 있지만 딱딱한 표현이 된다.

大統領 대통령　3時 3시　彼 그 사람　学者 학자

---

1. 이 풀은 약이 된다.

_____

2. 벌써 어른이 되었구나.

_____

☑ 1. この草は薬になる。
　　2. もう大人になったね。

Question : 괄호 안에 들어갈 가장 적절한 것을 하나 고르시오.

1. 大変なこと(　　　　)なってしまった。

　　① が　　　　　　　　　　② に
　　③ の　　　　　　　　　　④ を

2. 手数料は税込み1000円(　　　　)なります。

　　① と　　　　　　　　　　② の
　　③ を　　　　　　　　　　④ が

☑ 1. ②　2. ①

草 풀　薬 약　大人 어른　大変だ 큰일이다　手数料 수수료　税込み 소비세 포함
1000円 1000엔

あう / のる

☑ Point 1 : 의미   만나다 / 타다.

☑ Point 2 : 쓰임   한국어 '만나다' '타다'의 의미를 나타내는 말이다.

예문

① 昨日、先生に会いました。

② 明日、公園で山田さんと会うことにしました。

③ 自転車に乗って学校に行きます。

① 어제 선생님을 만났습니다.
② 내일 공원에서 야마다 씨와 만나기로 했습니다.
③ 자전거를 타고 학교에 갑니다.

알아두기

〈あう〉와 〈のる〉는 행위 대상어에 목적격 조사 〈を〉가 아닌, 〈に〉를 취하는 점에 주의한다.

昨日 어제 先生 선생님 会う 만나다 明日 내일 公園 공원 山田 야마다 自転車 자전거 乗る 타다 学校 학교 行く 가다

1. 잠시 친구를 만나고 오겠습니다.

_____

2. 버스를 타는 것이 무섭다.

_____

☑ 1. ちょっと友達に会ってきます。
　　2. バスに乗るのが怖い。

문제풀이　　Question : 괄호 안에 들어갈 가장 적절한 것을 하나 고르시오.

1. 大雨(　　　　)遭ってびしょ濡れになった。

　①を　　　　　　　　　　②に
　③が　　　　　　　　　　④は

2. 車(　　　　)乗ってからずっと頭が痛い。

　①に　　　　　　　　　　②を
　③は　　　　　　　　　　④と

☑ 1. ②　2. ①

_____

友達 친구　会う 만나다　乗る 타다　怖い 무섭다　大雨 폭우　遭う 좋지 않은 일을
마주치다, 당하다, 겪다　びしょ濡れ 흠뻑 젖음　車 자동차　頭 머리　痛い 아프다

かわる / さわる

☑ Point 1 : 의미　대신하다 / 만지다.

☑ Point 2 : 쓰임　한국어 '대신하다', '만지다'의 의미를 나타내는 말이다.

예문

① 命に代わるものはない。

② 部長に代わって会議に出席する。

③ 動物に触る。

① 목숨을 대신할 것은 없다.
② 부장님을 대신해서 회의에 출석한다.
③ 동물을 만진다.

알아두기

〈かわる〉와 〈さわる〉는 행위 대상어에 조사 〈に〉를 취하는 점에 주의한다. 〈さわる〉는
〈動物を触る〉와 같이 목적격 조사 〈を〉를 취하기도 한다.

命 목숨　代る 대신하다　部長 부장　会議 회의　出席 출석　動物 동물　触る 만지다

---

1. 그 사람을 대신해서 내가 책임을 진다.

_____

2. 더러운 손으로 아기를 만지지 마라.

_____

☑ 1. 彼に代って私が責任を取る。
　　2. 汚い手で赤ちゃんに触るな。

문제풀이　Question : 괄호 안에 들어갈 가장 적절한 것을 하나 고르시오.

1. 息子(　　　　)代わりまして、お詫び申し上げます。

①を　　　　　　　　　　②は
③に　　　　　　　　　　④か

2. 展示品(　　　　)触らないでください。

①に　　　　　　　　　　②が
③か　　　　　　　　　　④と

☑ 1. ③　2. ①

彼 그 사람　代る 대신하다　私 나　責任を取る 책임지다　汚い 더럽다　手 손
赤ちゃん 아기　触る 만지다　息子 아들　お詫び申し上げる 사과드리다　展示品
전시품

きをつける

☑ Point 1 : 의미　조심하다.

☑ Point 2 : 쓰임　사물이나 행동에 유의, 주의, 조심함을 나타내는 말이다.

예문

① 足元に気を付ける。

② 車に気を付けて。

③ 詐欺に気を付けよう。

① 발밑을 조심하다.
② 차 조심해라.
③ 사기를 조심하자.

알아두기

〈気を付ける〉는 −에 '정신을 붙이다'가 관용적으로 '조심하다'의 뜻으로 사용되게 된 연어이다. 행위 대상어에 조사 〈に〉를 취하는 점에 조심한다. 이처럼 행위 대상어에 조사 〈に〉를 취하는 동사들에는 〈似る・迷う・従う・通う・憧れる〉 등이 있다.

足元 발밑　気を付ける 조심하다　車 차　詐欺 사기　似る 닮다　迷う 헤매다　従う 따르다　通う 다니다　憧れる 동경하다

작문연습

1. 행동을 조심해야 한다.

_____

2. 말을 조심해라.

_____

☑   1. 行動に気を付けなければならない。
      2. 言葉に気を付けろ。

문제풀이   Question : 괄호 안에 들어갈 가장 적절한 것을 하나 고르시오.

1. 登校するときは車に気(   )付けなさい。

    ① が   ② に
    ③ と   ④ を

2. お体(   )気を付けてお過ごしください。

    ① を   ② に
    ③ と   ④ が

☑   1. ④   2. ②

行動 행동   気を付ける 조심하다   言葉 말   登校 등교   車 차   お体 몸   過ごす
지내다

すきだ / きらいだ

☑ Point 1 : 의미　좋아하다 / 싫어하다.

☑ Point 2 : 쓰임　어떤 대상에 대해 좋고 싫음을 나타내는 말이다.

예문

① お酒が好きだ。

② 杉村のことが好きだ。

③ 早く起きるのが嫌いだ。

① 술을 좋아한다.
② 스기무라를 좋아한다.
③ 일찍 일어나는 것을 싫어한다.

알아두기

〈すきだ / きらいだ〉와 같이 좋고 싫음을 나타내는 말은 그 대상에 조사 〈が〉를 쓴다.
〈を〉를 사용하면 부자연스러운 문이 된다. 명사에 결합할 때는 〈すきな / きらいな〉의
형태로 활용한다.

お酒 술　好きだ 좋아하다　杉村 스기무라　早く 빨리　起きる 일어나다　嫌いだ
싫어하다

---

1. 김치를 좋아하게 되었다.

_____

2. 지는 것을 싫어한다.

_____

☑ 1. キムチが好きになった。
2. 負けることが嫌いだ。

Question : 괄호 안에 들어갈 가장 적절한 것을 하나 고르시오.

1. 私は海(　　　　)好きだから、夏休みによく海に行きます。

　①を　　　　　　　　　　②に
　③が　　　　　　　　　　④と

2. 虫が(　　　)人は多い。

　①きらいだ　　　　　　　②きらいな
　③きらいに　　　　　　　④きらいで

☑ 1. ③　2. ②

好きになる 좋아하게 되다　負ける 지다　嫌いだ 싫어하다　私 나　海 바다　好きだ
좋아하다　夏休み 여름방학　行く 가다　虫 벌레　人 사람　多い 많다

できる / じょうずだ / にがてだ

☑ Point 1 : 의미　할 수 있다 / 잘하다 / 잘 못하다.

☑ Point 2 : 쓰임　능력의 정도를 나타내는 말이다.

예문

① 日本語ができる。

② 彼はスケートがじょうずだ。

③ 数学が苦手だから、文系を選ぶ。

① 일본어를 할 수 있다.
② 그 사람은 스케이트를 잘 탄다.
③ 수학을 잘 못해서 문과를 선택한다.

알아두기

〈できる / じょうずだ / にがてだ〉와 같이 능력의 정도를 나타내는 말은 그 대상에
조사 〈が〉를 쓴다. 〈を〉를 사용하면 부자연스러운 문이 된다.

日本語 일본어　彼 그 사람　数学 수학　苦手だ 잘 못하다　文系 문과　選ぶ 선택하다

1. 스마트폰 충전을 할 수 없다.

_____

2. 누나는 피아노를 잘 칩니다.

_____

☑ 1. スマホの充電ができない。
　　2. 姉はピアノが上手です。

문제풀이　Question : 괄호 안에 들어갈 가장 적절한 것을 하나 고르시오.

1. どうすれば日本語(　　　　)上手になるのか。

　① に　　　　　　　　　　② が
　③ を　　　　　　　　　　④ と

2. スピーチ(　　　　)苦手で人前で話すのが怖い。

　① を　　　　　　　　　　② と
　③ が　　　　　　　　　　④ に

☑ 1. ②　2. ③

充電 충전　姉 누나　上手だ 잘하다　日本語 일본어　苦手だ 잘 못하다　人前 남 앞
話す 말하다　怖い 무섭다

ぐずぐず / だらだら

☑ Point 1 : 의미　꾸물꾸물 / 질질.
☑ Point 2 : 쓰임　판단이나 행동이 굼뜨며 시간을 끄는 모습을 나타내는 말이다.

예문

① ぐずぐずすると約束の時間に遅れる。

② 演説が3時までだらだらと続いた。

③ ぐずぐず、だらだらしているうちに夏休みが終わってしまった。

① 꾸물꾸물하면 약속 시간에 늦는다.
② 연설이 3시까지 지루하게 이어졌다.
③ 꾸물거리며 느긋하게 있는 사이에 여름방학이 끝나버렸다.

알아두기

둘 다 판단이나 행동의 굼뜬 모습을 나타내는 말이지만 〈ぐずぐず〉는 행동이 굼뜬 모습에, 〈だらだら〉는 시간을 끄는 모습에 초점이 맞추어져 있다. 양자에 큰 차이는 없으며 일반적으로 비슷한 뜻으로 많이 사용된다. 판단이나 행동의 굼뜬 모습에 대한 비판 정도는 〈ぐずぐず〉가 다소 높다.

約束 약속　時間 시간　遅れる 늦다　演説 연설　3時 3시　続く 이어지다　夏休み 여름방학　終わる 끝나다

1. 꾸물거리지 말고 빨리 해라.

_____

2. 언제까지 질질 시간을 끌고 있을 거니.

_____

☑ 1. ぐずぐずしていないで早くしなさい。
2. いつまでだらだらしているんだよ。

문제풀이   Question : 괄호 안에 들어갈 가장 적절한 것을 하나 고르시오.

1. (   )していないで、きびきび動きなさい。

① ぐずぐず   ② まともに
③ こりこり   ④ しきりに

2. (   )していれば、時間だけが過ぎていく。

① きびきび   ② しっかり
③ だらだら   ④ ちゃんと

☑ 1. ①   2. ③

_____

早く 빨리   動く 움직이다   時間 시간   過ぎる 지나다

うしろ / あと

☑ Point 1 : 의미　뒤, 뒤쪽 / 뒤, 뒤쪽, 나중, 후.

☑ Point 2 : 쓰임　공간적 방향이나 시간적 방향의 뒤, 뒤쪽을 나타내는 말이다.

예문

① 車の後ろに隠れる。

② 後ろを向く。

③ あとで電話するね。

① 자동차 뒤에 숨는다.
② 뒤를 돌아본다.
③ 나중에 전화할게.

알아두기

〈うしろ / あと〉는 공간적 방향이나 시간적 방향의 뒤, 뒤쪽을 가리키는 말인데 쓰임에 차이가 있다. 〈うしろ〉는 공간적 개념의 방향을 나타내며 〈あと〉는 시간적 개념의 방향을 나타낸다.

車 자동차　後ろ 뒤　隠れる 숨다　向く 돌아보다, 향하다　電話 전화

1. 뒤로 물러나 주세요.

_____

2. 나중에 후회해도 모른다.

_____

☑ 1. 後ろに下がってください。
   2. 後で後悔しても知らないよ。

문제풀이   Question : 괄호 안에 들어갈 가장 적절한 것을 하나 고르시오.

1. 太陽が雲の(　　　)から顔を出した。

　① あと　　　　　　　　② うしろ
　③ のど　　　　　　　　④ こころ

2. この薬は食事の(　　　)30分以内に飲んでください。

　① うしろ　　　　　　　② あと
　③ となり　　　　　　　④ した

☑ 1. ②　2. ②

後ろ 뒤　下がる 물러나다　後で 나중에　後悔 후회　知る 알다　太陽 태양　雲 구름
顔 얼굴　出す 내다　薬 약　食事 식사　30分 30분　以内 이내　飲む 마시다

まえ / さき

☑ Point 1 : 의미　　앞, 전 / 앞, 먼저.

☑ Point 2 : 쓰임　　공간적 방향, 시간적 방향, 시간적 순서 등을 나타낼 때 '앞'을 뜻하는 말이다.

예문

① メガネが曇って前が見えない。

② ここから先は下り坂です。

③ この前は、ありがとうございました。

① 안경이 뿌옇게 돼서 앞이 안 보인다.
② 여기부터 앞길은 내리막입니다.
③ 요전에 감사했습니다.

알아두기

〈まえ / さき〉는 모두 공간적 방향, 시간적 방향, 시간적 순서를 나타낼 수 있는 말이다. 공간 방향을 나타낼 때 〈まえ〉는 앞의 전면을 의미하며 〈さき〉는 일부 진행 방향을 의미한다. 시간 방향에 있어서는 일반적으로 〈まえ〉는 과거를, 〈さき〉는 미래를 나타낸다. 시간적 순서에 있어서는 〈夕食の前に / 夕食より先に〉와 같은 형식을 취한다. 이때 〈お先に失礼します〉처럼 대상어 〈-より〉는 생략되기도 한다. 〈ちょっと前〉의 뜻으로 〈さっき·さきほど〉가 사용되는데 〈さき〉와 〈さっき〉를 혼동하지 않도록 한다. 그 외 〈さき〉는 목적지, 앞쪽 끝 등의 의미도 지닌다.

曇る 흐리다　前 앞, 전　見える 보이다　先 앞, 먼저　下り坂 내리막　夕食 저녁　失礼 실례　ちょっと前 방금 전

---

1. 앞일은 모른다.

_____

2. 먼저 먹겠습니다.

_____

☑ 1. 先のことは分からない。
   2. お先にいただきます。

Question : 괄호 안에 들어갈 가장 적절한 것을 하나 고르시오.

1. 彼女は(   )会ったことがある。

   ① これから   ② まえに
   ③ こののち   ④ こんご

2. 日本はこの(   )どうなるのか。

   ① まえ   ② おもて
   ③ さき   ④ うしろ

☑ 1. ②   2. ③

先 앞, 먼저   分かる 알다   彼女 그 여자   会う 만나다   日本 일본

なか / うち

☑ Point 1 : 의미　중, 안, 가운데, 사이.

☑ Point 2 : 쓰임　공간적 시간적으로 '가운데, 사이'를 의미하는 말이다.

예문

① 中へどうぞ。

② 若いうちに、もっと勉強しておけばよかった。

③ 3人のうち2人が大学に進学した。

① 안으로 들어오세요.

② 젊었을 때 좀 더 공부해 두었더라면 좋았을걸.

③ 3명 중 2명이 대학에 진학했다.

알아두기

'중, 안, 동안, 가운데, 사이'를 의미하는 〈なか / うち〉는 쓰임에 차이가 있다. 일반적으로 〈なか〉는 공간적 개념을 나타내며, 〈うち〉는 시간적 개념을 나타낸다. 또 이들은 〈－のなか(で) / －のうち(で)〉의 형식으로 어떤 범위를 한정하여 선택하는 용법으로도 사용된다. 수량사를 동반하는 등 범위 경계가 명확한 경우에는 〈－のうち(で)〉를 사용하며, 범위 경계가 모호한 경우에는 〈－のなか(で)〉를 사용하는 것이 기본이다. 그러나 최근에는 전자의 경우에도 〈－のなか(で)〉를 사용하기도 한다. 그 외 한창 진행 중임을 나타내는 〈お忙しい中〉등 관용적 용법에 대해서도 알아두도록 한다.

中 안　若い 젊다　勉強 공부　3人 3명　2人 2명　大学 대학　進学 진학
お忙しい中 바쁘신 중

1. 전차 안에서 잘못해서 다른 사람 발을 밟아버렸다.

_____

2. 식기 전에 드세요.

_____

☑ 1. 電車の中で誤って人の足を踏んでしまった。
   2. 冷めないうちに、食べてください。

문제풀이　　Question : 괄호 안에 들어갈 가장 적절한 것을 하나 고르시오.

1. 果物の(　　　)で何が一番好きですか。

   ① うち　　　　　　　　　　② そと
   ③ なか　　　　　　　　　　④ うしろ

2. 近い(　　　)にまたお会いしましょう。

   ① なか　　　　　　　　　　② となり
   ③ うち　　　　　　　　　　④ よこ

☑ 1. ③　2. ③

電車 전차　中 안　誤って 잘못해서, 실수로　人 다른 사람　足 발　踏む 밟다　冷める
식다　食べる 먹다　果物 과일　何 무엇　一番 가장　好きだ 좋아하다　近い 가깝다
会う 만나다

43

よこ / となり / そば

☑ Point 1 : 의미　옆.

☑ Point 2 : 쓰임　기준점을 중심으로 한 방향, 위치, 거리 등을 나타내는 말이다.

예문

① 山田さんは私の横にいる。

② 山田さんは私の隣にいる。

③ 山田さんは私の側にいる。

① 야마다 씨는 내 옆(옆쪽)에 있다.
② 야마다 씨는 내 옆(바로 옆)에 있다.
③ 야마다 씨는 내 옆(곁)에 있다.

알아두기

〈よこ(横) / となり(隣) / そば(側)〉는 유사한 뜻을 갖지만 쓰임에 차이가 있다. 〈よこ〉는 기준점으로부터 옆(좌우) 방향을 나타낸다. 〈となり〉는 옆(좌우) 방향 중, 기준점과 가장 가까운 동질의 사물 1개를 나타낸다. 횡선 방향만을 문제시하는 〈よこ〉와 달리 〈となり〉는 거리, 사물의 종류, 수량을 특정하여 제한하는 특징이 있다. 〈そば〉는 좌우 방향과 관계없이 공간적 또는 심리적으로 가까운 거리를 나타낸다.

山田 야마다　私 나　横 옆(쪽)　隣 옆(사람, 자리 등)　側 옆, 곁

1. 내 옆쪽에 다나까 씨하고 야마다 씨가 앉아 있다.

_____

2. 항상 곁에 있어 줘서 고마워.

_____

☑ 1. 私の横に田中さんと山田さんが座っている。
   2. いつも側にいてくれてありがとう。

Question : 괄호 안에 들어갈 가장 적절한 것을 하나 고르시오.

1. 寝ていません。(   )になっているだけです。

   ① まえ   ② そば
   ③ となり   ④ よこ

2. 韓国は日本の(   )の国だ。

   ① そば   ② よこ
   ③ となり   ④ あいだ

☑ 1. ④ 2. ③

私 나 横 옆(쪽) 田中 다나까 山田 야마다 座る 앉다 側 곁, 옆 寝る 자다 韓国 한국 日本 일본 国 나라

とき / さい

☑ Point 1 : 의미　때, 시간, 시기, 경우, 기회.

☑ Point 2 : 쓰임　시간의 연속적 흐름 속의 특정 시점을 나타내는 말이다.

예문

① 困った時は、いつでも来ていいよ。

② お困りの際は、いつでもご連絡ください。

③ この際、はっきり言っておく。

① 곤란할 때는 언제든지 와도 좋아.
② 곤란하실 때는 언제든지 연락해 주세요.
③ 이번 기회(이참)에 확실히 말해 두겠다.

알아두기

가족, 친구 등 사적 관계에 의한 일상 회화에서는 〈とき〉를, 〈とき〉보다 격식을 차리거나 예의를 갖추어야 하는 공적인 자리에서는 〈さい〉를 사용하는 것이 일반적이다. 〈このさい〉는 관용적으로 '이번 기회'의 뜻으로 쓰이는 경우가 많다. 뒤 절이 반복적 일상을 나타낼 경우에는 보통 〈とき〉를 쓴다. 공적인 안내 또는 설명에 〈さい〉가 사용될 때, 뒤 절에는 〈－てください〉패턴이 자주 등장한다. 미묘한 뉘앙스 차이가 존재하지만, 그 외 대부분의 경우 양자는 호환 사용이 가능하다.

困る 곤란하다　時 때　来る 오다　お困りの際 곤란하실 때　連絡 연락　際 때, 기회　言う 말하다

1. 학교에 갈 때는 항상 남동생과 함께 간다.

2. 지진이 왔을 시에는 신속하게 피난해 주세요.

☑ 1. 学校に行く時は、いつも弟と一緒に行く。
   2. 地震の際は、すみやかに避難してください。

문제풀이　Question : 괄호 안에 들어갈 가장 적절한 것을 하나 고르시오.

1. お降り(　　　)際は足元にご注意ください。

　　① に　　　　　　　　　　② の
　　③ と　　　　　　　　　　④ か

2. (　　　)だから言うけど、女性にボディタッチするのやめた方がいい。

　　① この際　　　　　　　　② この時
　　③ その際　　　　　　　　④ その時

☑ 1. ②　2. ①

学校 학교　行く 가다　時 때　弟 남동생　一緒に 함께　地震 지진　際 때, 기회　避難 피난　降りる 내리다　足元 발밑　注意 주의　言う 말하다　女性 여성　方 편, 쪽

こと / もの / の

☑ Point 1 : 의미　것.

☑ Point 2 : 쓰임　한국어 '-것'의 의미를 나타내는 말이다.

예문

① 映画を見ることが好きだ。

② 物を大切にする。

③ 日本語を勉強するのが楽しい。

① 영화를 보는 것을 좋아한다.
② 물건을 소중히 여기다.
③ 일본어를 공부하는 것이 즐겁다.

알아두기

〈こと〉는 형체가 없는 추상적인 것, 〈もの〉는 형체가 있는 구체적인 것을 나타낼 때
사용한다. 〈の〉는 양쪽 모두 사용이 가능하다. 소유의 의미를 나타낼 때나, 〈見る·見
える·聞く·聞える〉 등과 같이 시각 청각을 나타내는 동사 앞에서는 〈の〉를 사용한
다. 그 외의 다양한 고유 용법이 많다. 이들에 대해서는 별도로 알아두어야 한다.

映画 영화　見る 보다　好きだ 좋아하다　物 물건　大切にする 소중히 여기다　日本語
일본어　勉強 공부　楽しい 즐겁다　見える 보이다　聞く 듣다　聞こえる 들리다

1. 제 취미는 책을 읽는 것입니다.

_____

2. 큰 거를 하나 주세요.

_____

☑ 1. 私の趣味は本を読むことです。
   2. 大きいものを1つください。

문제풀이   Question : 괄호 안에 들어갈 가장 적절한 것을 하나 고르시오.

1. その本は山田さん(　　　)です。

   ① はず   ② こと
   ③ もの   ④ の

2. 田中さんが走っている(　　　)を見ました。

   ① こと   ② の
   ③ もの   ④ べき

☑ 1. ④ 2. ②

私 나　趣味 취미　本 책　読む 읽다　大きい 크다　1つ 한 개　山田 야마다　田中 다나까　走る 달리다　見る 보다

49

けらけら / げらげら

☑ Point 1 : 의미　깔깔 / 껄껄.

☑ Point 2 : 쓰임　소리를 내어 크게 웃는 소리 또는 모습을 나타내는 말이다.

예문

① 少女たちがけらけらと笑っている。

② クラス全員がげらげら笑った。

③ 子供はけらけら、父親はげらげらと笑っている。

① 소녀들이 깔깔거리며 웃고 있다.
② 학급 전원이 껄껄거리며 웃었다.
③ 아이는 깔깔깔, 아빠는 껄껄껄 웃고 있다.

알아두기

〈けらけら〉를 높은 톤의 가벼운 웃음소리라 한다면, 〈げらげら〉는 이보다 한층 묵직한 느낌의 웃음소리라 할 수 있다.

少女 소녀　笑う 웃다　全員 전원　子供 아이　父親 아빠

1. 깔깔거리며 웃는 엄마 목소리가 들렸다.

_____

2. 친구 농담에 껄껄거리며 웃었다.

_____

☑ 1. けらけらと笑う母の声が聞こえた。
　 2. 友達の冗談にげらげらと笑った。

문제풀이 Question : 괄호 안에 들어갈 가장 적절한 것을 하나 고르시오.

1. あの人はなんで(　　　　)と笑いながら歩いているんだろう。

① ばたばた　　　　　　　　② とぼとぼ
③ がぶがぶ　　　　　　　　④ けらけら

2. テレビを見ながらずっと(　　　　)笑っていました。

① ちびちび　　　　　　　　② ぺこぺこ
③ げらげら　　　　　　　　④ ぶつぶつ

☑ 1. ④　2. ③

笑う 웃다　母 엄마　声 목소리　聞こえる 들리다　友達 친구　冗談 농담　人 사람　歩く 걷다　見る 보다

51

いう / はなす / のべる

☑ Point 1 : 의미　말하다 / 이야기하다 / 서술(진술)하다.

☑ Point 2 : 쓰임　사물이나 사실, 현상 등에 대해 소리 내어 표출하는 것을 나타내는 말이다.

예문

① 早く言ってください。

② その件については、後で話しましょう。

③ 研究の背景・目的などを述べる。

① 빨리 말해 주세요.
② 그 건에 대해서는 나중에 이야기합시다.
③ 연구 배경, 목적 등을 서술한다.

알아두기

단순한 생각이나 느낌 등을 짧게 소리로 표출하는 것이 〈いう〉이다. 〈いう〉와 〈はなす〉의 차이는 말하는 내용에 일정한 줄거리가 있나 없나에 있다. 〈はなす〉는 일정한 줄거리를 말하는 데 사용한다. 〈のべる〉는 일정한 줄거리의 내용을 공적인 자리에서 말이나 글로 나타내는 것을 가리킨다. 보고, 연설, 서술, 진술, 증언 등이 해당된다. 〈かたる〉는 〈はなす〉의 문어 투의 말로 딱딱한 느낌이 있다. 〈友達と話す〉는 자연스럽지만 〈友達と言う〉는 비문이 된다. 그 외 〈英語を話す(喋る) / 冗談を言う / 昔話を話す(語る)〉 등의 관용적 용법에 대해서도 알아두도록 한다.

早く 빨리　言う 말하다　その件 그 건　後で 나중에　話す 이야기하다　研究 연구　背景 배경　目的 목적　述べる 서술하다　友達 친구　英語を話す(喋る) 영어를 하다　冗談を言う 농담을 하다　昔話を話す(語る) 옛날이야기를 하다

---

1. 그 사람은 내일부터 출장이라 한다.

_____

2. 졸업식에서 PTA 회장으로서 축사를 한다.

_____

☑ 1. 彼は明日から出張だという。
    2. 卒業式で、PTA会長として祝辞を述べる。

Question : 괄호 안에 들어갈 가장 적절한 것을 하나 고르시오.

1. 今は冗談を(   )いる場合ではない。

   ① はなして   ② かたって
   ③ いって   ④ のべて

2. 英語はいうまでもなく、フランス語も(   )。

   ① かたれる   ② はなせる
   ③ いえる   ④ のべられる

☑ 1. ③   2. ②

彼 그 사람 明日 내일 出張 출장 卒業式 졸업식 会長 회장 祝辞を述べる 축사를 하다 今 지금 冗談 농담 場合 상황 英語 영어 フランス語 프랑스어

おもう / かんがえる

☑ Point 1 : 의미　생각하다.

☑ Point 2 : 쓰임　헤아리고 판단하는 등 머릿속에서 이루어지는 정신적 활동을 나타내는
말이다.

예문

① 本当によかったと思う。

② 嬉しく思う。

③ 解決の方法を考える。

①　정말 잘 되었다고 생각한다.
②　기쁘게 생각한다.
③　해결 방법을 생각한다.

알아두기

마음으로 생각할 경우에는 〈思う〉를, 머리로 생각할 경우에는 〈考える〉를 사용하면
좋다. 〈思う〉는 감정적 정서적 일시적 사고를, 〈考える〉는 이성적 논리적 계속적 사고
를 나타내는 말이다. 따라서 〈考える〉는 사고 내용이 자신의 의지로 제어할 수 있는
경우가 많지만, 〈思う〉는 그렇지 못한 경우가 많다. 〈よい・うれしい・おいしい〉 등
사람의 감정에 연결되는 형용사와는 〈思う〉가 어울리며 '원인, 대책, 방안' 등과 같이
깊이 있는 논리적 사고를 요구하는 말과는 〈考える〉가 어울린다.

本当 정말　思う 생각하다　嬉しい 기쁘다　解決 해결　方法 방법　考える 생각하다

1. 다른 사람이 좋게 생각해 주었으면 좋겠다.

_____

2. 아무리 생각해도 답이 안 찾아진다.

_____

☑ 1. 他人から良く思われたい。
   2. いくら考えても答えが見つからない。

문제풀이　　Question : 괄호 안에 들어갈 가장 적절한 것을 하나 고르시오.

1. 他人に対して(　　　)やりがない。

   ① 思い　　　　　　　　　　② 思われ

   ③ 考え　　　　　　　　　　④ 考えられ

2. よく(　　　)から行動しなさい。

   ① 思って　　　　　　　　　② 思われて

   ③ 考えて　　　　　　　　　④ 考えられて

☑ 1. ①　2. ③

他人 타인　良く 좋게, 잘　思われる 생각되다　考える 생각하다　答え 답　見つかる 발견되다　－に対して －에 대해, －에게　思いやり 배려(심)　考えられる 생각되다　思う 생각하다　行動 행동

おわる / すむ

☑ Point 1 : 의미　끝나다.

☑ Point 2 : 쓰임　행위나 상태의 종료 사태를 나타내는 말이다.

예문

① 授業が終わった。

② もうすぐ夏が終わる。

③ 手続きが済んだ。

① 수업이 끝났다.
② 이제 곧 여름이 끝난다.
③ 수속이 끝났다.

알아두기

〈終わる〉는 시간의 경과에 의해 자연스럽게 행위나 상태가 끝나는 것을 나타내며, 〈済む〉는 해야 할 일이 해결되어 끝나는 것을 나타낸다. 계절의 변화에는 〈済む〉를 사용하지 않는다. 〈済む〉에는 〈罰金だけで済んだ〉와 같이 생각했던 범위 이내에서 일이 잘 수습될 때 쓰는 용법이 있으며, 그 외 〈気が済む·済まない·－て済むことではない〉등과 같은 관용적 용법도 있다.

授業 수업　終わる 끝나다　夏 여름　手続き 수속　済む 끝나다　罰金 벌금　気が済む 마음이 놓이다(풀리다)　済まない 미안하다　－て済むことではない －해서 해결될 일이 아니다

1. 가벼운 부상으로 끝나서 다행이다.

_____

2. 사과해서 해결될 일이 아니다.

_____

☑ 1. 軽い怪我で済んでよかった。
  2. 謝って済むことじゃない。

문제풀이 Question : 괄호 안에 들어갈 가장 적절한 것을 하나 고르시오.

1. 好きなドラマが(　　　)しまって、今とても寂しい。

　　① 済んで　　　　　　　　　② 続けて
　　③ 始めて　　　　　　　　　④ 終わって

2. 気が(　　　)まで泣くといいよ。

　　① 終わる　　　　　　　　　② 始まる
　　③ 済む　　　　　　　　　　④ 続く

☑ 1. ④　2. ③

軽い 가볍다　怪我 부상, 상처　済む 끝나다　謝る 사과하다　好きだ 좋아하다　終わる 끝나다　今 지금　寂しい 쓸쓸하다　続ける 계속하다　始める 시작하다　気が済む 마음이 놓이다(풀리다)　泣く 울다　始まる 시작되다　続く 계속되다

つとめる / はたらく

☑ Point 1 : 의미　근무하다 / 일하다.

☑ Point 2 : 쓰임　생계유지를 위해 일하는 것을 나타내는 말이다.

예문

① 銀行に勤めている。

② 図書館で働いている。

③ ソウルで働くようになった。

① 은행에 근무하고 있다.

② 도서관에서 일하고 있다.

③ 서울에서 일하게 되었다.

알아두기

〈つとめる〉는 어떤 곳에 소속되어 일을 하는가, 즉 존재(장소)에 중점이 놓여 있으며
〈はたらく〉는 어떠한 곳에서 일을 하는가, 즉 동작(장소)에 중점이 놓여 있는 말이다.
따라서 〈つとめる〉는 존재를 나타내는 조사 〈に〉를 동반하며, 〈はたらく〉는 동작이
이루어지는 장소를 나타내는 조사 〈で〉를 동반한다.

銀行 은행　勤める 근무하다　図書館 도서관　働く 일하다

1. 대기업에 근무하는 샐러리맨입니다.

_____

2. 지금 어디에서 일하고 있어요?

_____

☑ 1. 大手企業に勤めているサラリーマンです。
    2. 今どこで働いていますか。

문제풀이   Question : 괄호 안에 들어갈 가장 적절한 것을 하나 고르시오.

1. 彼はIT企業(   )勤めている平凡な会社員です。

    ① が   ② に
    ③ を   ④ で

2. カフェ(   )バリスタとして働いています。

    ① に   ② まで
    ③ で   ④ から

☑ 1. ②   2. ③

大手企業 대기업   勤める 근무하다   今 지금   働く 일하다   彼 그 사람   平凡だ 평범하다
会社員 회사원

すむ / くらす

☑ Point 1 : 의미　살다, 거주하다 / 살다, 생활하다.

☑ Point 2 : 쓰임　어떤 장소나 공간에서 거주하거나 생활하는 것을 나타내는 말이다.

예문

① アメリカに住んでいる。

② 東京に住んでいる友達に手紙を送った。

③ ソウルで暮している。

① 미국에 산다.
② 도쿄에 사는 친구에게 편지를 보냈다.
③ 서울에서 살고 있다.

알아두기

〈すむ〉는 어떤 곳에 거주하는가, 즉 존재(장소)를 강조하며 〈くらす〉는 어떠한 곳에서 생활하는가, 즉 동작(장소)을 강조하는 말이다. 따라서 〈すむ〉는 존재를 나타내는 조사 〈に〉를 동반하며, 〈くらす〉는 동작이 이루어지는 장소를 나타내는 조사 〈で〉를 동반하는 것이 보통이다.

住む 살다　東京 도쿄　友達 친구　手紙 편지　送る 보내다　暮す 살다

---

1. 지금 어디에서 살고 있어요?

_____

2. 오사카에서 혼자 살기를 시작해 보려 한다.

_____

☑ 1. 今どこに住んでいますか。
2. 大阪で一人暮しを始めようとする。

Question : 괄호 안에 들어갈 가장 적절한 것을 하나 고르시오.

1. この近く(　　　)友達が住んでいます。

① で　　　　　　　　　　② に
③ を　　　　　　　　　　④ が

2. 田舎(　　　)のんびり暮したい。

① に　　　　　　　　　　② から
③ で　　　　　　　　　　④ まで

☑ 1. ②　2. ③

今 지금　住む 살다　大阪 오사카　一人暮し 혼자 살기　始める 시작하다　近く 근처
友達 친구　田舎 시골　暮す 살다

あげる / くれる / もらう

☑ Point 1 : 의미　주다 / 주다 / 받다.

☑ Point 2 : 쓰임　물건을 주거나 받을 때 사용하는 말이다.

예문

① プレゼントをあげる。

② 友達がわたしにアドバイスをくれました。

③ 彼女から手紙をもらった。

① 선물을 주다.
② 친구가 나에게 어드바이스를 주었습니다.
③ 여자 친구한테 편지를 받았다.

알아두기

〈あげる / くれる〉는 모두 한국어 '주다'에 해당하지만 쓰임이 다르다. 말하는 사람 쪽에서 상대 쪽으로 사물이 이동될 때는 〈あげる〉를 사용하며, 반대로 상대 쪽에서 말하는 사람 쪽으로 사물이 이동될 때는 〈くれる〉를 사용한다. 〈くれる〉의 명령형이 〈くれ〉로 되는 점에 주의해야 한다. 〈もらう〉는 한국어 '받다'에 대응된다.

友達 친구　彼女 여자 친구　手紙 편지

1. 꽃을 남자 친구에게 주었습니다.

   _____

2. 부모님으로부터 용돈을 받았습니다.

   _____

☑   1. 花を彼氏にあげました。
    2. 両親からお小遣いをもらいました。

문제풀이　Question : 괄호 안에 들어갈 가장 적절한 것을 하나 고르시오.

1. 今度は私が彼に元気と勇気を(　　　　)たい。

   ① あげ　　　　　　　　　② いき
   ③ くれ　　　　　　　　　④ かえり

2. 早く返事を(　　　　)ありがとう。

   ① あげて　　　　　　　　② くれて
   ③ いって　　　　　　　　④ かって

☑   1. ①　2. ②

花 꽃　彼氏 남자 친구　両親 부모님　お小遣い 용돈　今度 이번　私 나　彼 그 사람
元気 힘　勇気 용기　早く 빨리　返事 답장

ときどき / たまに

☑ Point 1 : 의미　가끔, 때때로.

☑ Point 2 : 쓰임　실현되거나 존재하는 정도가 적음을 나타내는 말이다.

예문

① ときどき学校まで走っていく。

② ときどき遊びに来てください。

③ 彼はたまにゴルフをする。

① 가끔 학교까지 달려간다.
② 가끔 놀러 오세요.
③ 그 사람은 가끔 골프를 친다.

알아두기

한국어로는 둘 다 '가끔, 때때로'에 대응하지만, 빈도수에 있어서는 〈ときどき〉에 비해 〈たまに〉가 더 적은 느낌이 있다. 〈ときどき〉가 정기적으로 '간간이'라는 느낌이라면 〈たまに〉는 어쩌다 생각나서 '한 번씩'이라는 느낌이다.

学校 학교　走る 달리다　遊ぶ 놀다　来る 오다　彼 그 사람

1. 앞으로 가끔 야구를 보러 가자.

_____

2. 가끔은 조금 쉬면 어떠니.

_____

☑ 1. これからときどき野球を見に行こう。
   2. たまには、少し休んだらどう。

문제풀이 Question : 괄호 안에 들어갈 가장 적절한 것을 하나 고르시오.

1. (　　　)海外へ行きます。

　① ぴかぴか　　　　　② ときどき
　③ こりこり　　　　　④ けらけら

2. 映画は(　　　)しか見ない。

　① めったに　　　　　② しばしば
　③ たまに　　　　　　④ あまり

☑ 1. ②　2. ③

野球 야구　見る 보다　行く 가다　少し 조금　休む 쉬다　海外 해외　映画 영화

ーくなる / ーになる

☑ Point 1 : 의미　ー하게 되다.

☑ Point 2 : 쓰임　형용사와 결합하여 그러한 상태로 도달함을 나타내는 형식이다.

예문

① 夏が近づくと暑くなる。

② 冷静になって考えてみたら僕のミスだった。

③ もっと可愛くなる、綺麗になる方法を教えてください。

① 여름이 다가오면 더워진다.
② 냉정하게 생각해 보니 내 잘못이었다.
③ 더 귀엽고 예뻐지는 방법을 알려주세요.

알아두기

〈い형용사〉어간 + 〈くなる〉, 〈な형용사〉어간 + 〈になる〉와 같이 형용사의 어간에
접속한다.

夏 여름　近づく 다가오다　暑い 덥다　冷静だ 냉정하다　考える 생각하다　僕 나
可愛い 귀엽다　綺麗だ 예쁘다　方法 방법　教える 가르치다

---

1. 더울 때는 차가운 것을 먹고 싶어진다.

_____

2. 진심으로 누군가를 좋아하게 된 적 없습니까?

_____

☑ 1. 暑い時は冷たいものが欲しくなる。
   2. 本気で誰かを好きになったこと、ありませんか。

문제풀이   Question : 괄호 안에 들어갈 가장 적절한 것을 하나 고르시오.

1. 数学がぐっと難し(   )なってびっくりした。

   ① で   ② と
   ③ に   ④ く

2. 昨日はうるさかったですが、今日は静か(   )なりました。

   ① く   ② に
   ③ で   ④ が

☑ 1. ④ 2. ②

暑い 덥다 時 때 冷たい 차갑다 欲しい 원하다 本気 진심 誰 누구 好きだ
좋아하다 数学 수학 難しい 어렵다 昨日 어제 今日 오늘 静かだ 조용하다

ーなさい

☑ Point 1 : 의미　　－해라.

☑ Point 2 : 쓰임　　상대에게 지시나 명령을 나타내는 형식이다.

예문

① 早く帰りなさい。

② ちょっと待ちなさい。

③ しっかりしなさい。

① 빨리 집에 가라.
② 잠시 기다려라.
③ 똑바로 해라.

알아두기

동사 〈ます形〉에 〈なさい〉가 연결되어 명령이나 지시를 나타낸다. 동사 명령형 〈しろ ・こい・いけ〉 등보다는 한층 부드러운 뉘앙스를 지닌다. 〈さい〉가 생략되어 〈ーな〉의 형태를 취하기도 한다. 손윗사람에게는 사용하면 안 된다.

早く 빨리　帰る 집에 가다　待つ 기다리다

1. 벌써 8시다. 빨리 일어나라.

   _____

2. 시끄럽다. 조용히 해라.

   _____

☑ 1. もう8時だよ。早く起きなさい。
  2. うるさい。静かにしなさい。

문제풀이   Question : 괄호 안에 들어갈 가장 적절한 것을 하나 고르시오.

1. 学校に遅れるよ。早く(　　　)なさい。

   ① する   ② すれ
   ③ し   ④ しろ

2. ご飯の前に、ちゃんと手を洗い(　　　)。

   ① なさる   ② なさい
   ③ なさら   ④ なさろ

☑ 1. ③   2. ②

8時 8시　早く 빨리　起きる 일어나다　静かだ 조용하다　学校 학교　遅れる 늦다
ご飯 식사, 밥　前 전　手 손　洗う 씻다

ーてくれる / ーてくださる

☑ Point 1 : 의미　ー해 주다 / ー해 주시다.

☑ Point 2 : 쓰임　상대 쪽에서 내 쪽으로 어떤 행위를 'ー해 준다'의 의미를 나타내는 형식이다.

예문

① 先生が説明してくれました。

② ちょっと手伝ってくれ。

③ 田中さんがおいしい料理を作ってくださった。

① 선생님이 설명해 주었습니다.
② 조금 도와줘라.
③ 타나까 씨가 맛있는 요리를 만들어 주셨다.

알아두기

〈くださる〉는 〈くれる〉의 높임말이다. 명령형이 각각 〈ください〉〈くれ〉로 되는 점에 주의한다. 〈ーてくれる〉〈ーてくださる〉는 상대 쪽에서 내 쪽으로 어떤 행위를 'ー해 준다'는 의미를 나타낸다. 〈ーてくれる〉〈ーてくださる〉의 부정은 〈ーないでくれる〉〈ーないでくださる〉가 된다. 내 쪽에서 상대 쪽으로 어떤 행위를 해 줄 경우에는 〈ーてあげる〉 형식을 사용한다.

先生(せんせい) 선생님　説明(せつめい) 설명　手伝(てつだ)う 돕다　田中(たなか) 다나까　料理(りょうり) 요리　作(つく)る 만들다

---

1. 만나 주겠지.

   _____

2. 전화번호를 알려 주세요.

   _____

☑ 1. 会ってくれるだろう。
  2. 電話番号を教えてください。

Question : 괄호 안에 들어갈 가장 적절한 것을 하나 고르시오.

1. 帰りに寄って(　　　)。

   ① なさい　　　　　　　　② くれ
   ③ なけれ　　　　　　　　④ なくて

2. 手を触れ(　　　)ください。

   ① なくて　　　　　　　　② なければ
   ③ ない　　　　　　　　　④ ないで

☑ 1. ②　2. ④

会う 만나다　電話番号 전화번호　教える 가르치다　帰り 귀가(길)　寄る 들르다
手を触れる 손을 대다

ーてもいい

☑ Point 1 : 의미　　ー해도 좋다, ー해도 괜찮다.

☑ Point 2 : 쓰임　　행동에 대한 허용이나 허락을 나타내는 형식이다.

예문

① このケーキを食べてもいいですか

② トイレを借りていいですか。

③ お願いしてもよろしいでしょうか。

① 이 케이크를 먹어도 좋습니까.
② 화장실을 빌려도 좋습니까.
③ 부탁드려도 좋겠습니까.

알아두기

동사〈て形〉에〈てもいい〉가 결합하여 허용이나 허락을 나타낸다.〈も〉를 생략하고
거의 같은 뜻으로〈ーていい〉라 하기도 한다.〈ーていい〉쪽이 허용이나 허락에 대한
화자의 의지가 다소 강하게 반영된 느낌이다. 부정형은〈ーなくて(も)いい〉가 된다.
〈いい〉대신에〈よろしい〉가 오면 한층 공손한 표현이 된다.

食べる 먹다　借りる 빌리다　お願い 부탁

1. 무리해서 다 먹지 않아도 괜찮아.

_____

2. 그렇게 서두르지 않아도 괜찮아.

_____

☑ 1. 無理して全部食べなくてもいいよ。
2. そんなに急がなくていいよ。

문제풀이 Question : 괄호 안에 들어갈 가장 적절한 것을 하나 고르시오.

1. 僕がやっておくから、先に帰っても(　　　)よ。

　① よくない　　　　　　　② わるい
　③ いい　　　　　　　　　④ いけない

2. そんなに(　　　)なくてもいいんだよ。

　① 謝り　　　　　　　　　② 謝ら
　③ 謝る　　　　　　　　　④ 謝れ

☑ 1. ③　2. ②

無理する 무리하다　全部 전부　食べる 먹다　急ぐ 서두르다　僕 나　先 먼저　帰る
귀가하다　謝る 사과하다

73

ーてはいけない / ーてはならない

☑ Point 1 : 의미　ー해서는 안 된다.

☑ Point 2 : 쓰임　상대에게 어떤 행동에 대한 금지를 요구하는 형식이다.

예문

① それに触ってはいけない。

② ここでタバコを吸ってはいけない。

③ 未成年者は飲酒してはならない。

① 그것을 만져서는 안 된다.
② 여기에서 담배를 피워서는 안 된다.
③ 미성년자는 음주해서는 안 된다.

알아두기

동사 〈て形〉에 〈てはいけない / てはならない〉가 결합하여 금지를 나타낸다. 〈ーては
ならない〉쪽이 좀 더 딱딱한 느낌을 주며 금지에 대한 화자의 의지가 강하게 담긴다.
따라서 정해진 법률, 규칙 등과 어우러질 경우에는 〈ーてはならない〉가 많이 사용된
다. 〈ーてはならない〉를 사회적 구속이나 강제성이 내포된 표현이라 한다면, 〈ーては
いけない〉는 화자의 주관적 금지 요구 표현이라 할 수 있다. 손윗사람에게 금지 표현은
사용하지 않도록 한다.

触る 만지다　タバコを吸う 담배를 피우다　未成年者 미성년자　飲酒 음주

1. 무슨 일이 있어도 포기해서는 안 된다.

_____

2. 부당한 차별은 있어서는 안 된다.

_____

☑ 1. 何があっても諦めてはいけない。
   2. 不当な差別はあってはならない。

문제풀이   Question : 괄호 안에 들어갈 가장 적절한 것을 하나 고르시오.

1. 絶対に嘘を(　　　)てはいけないよ。

   ① つい　　　　　　　　② つく

   ③ つか　　　　　　　　④ つこ

2. 児童に対し、虐待をしては(　　　)。

   ① いける　　　　　　　② わるくない

   ③ いい　　　　　　　　④ ならない

☑ 1. ①　2. ④

何 무엇　諦める 포기하다　不当だ 부당하다　差別 차별　絶対 절대　嘘をつく
거짓말하다　児童 아동　－に対し －에게, －에 대해서　虐待 학대

75

ーなければならない

☑ Point 1 : 의미 　ー 하지 않으면 안 된다, ー 해야 한다.

☑ Point 2 : 쓰임 　의무적으로 행동해야 하는 것을 나타내는 형식이다.

예문

① 明日、学校に行かなければならない。

② 早く帰らなきゃならない。

③ 約束を守らねばならない。

① 내일 학교에 가야 한다.
② 빨리 집에 가야 한다.
③ 약속을 지켜야 한다.

알아두기

〈ーなければならない〉와 더불어 〈ーなければいけない・ーなくてはならない・ーなく
てはいけない〉 등도 의무적 행동을 나타내는 형식으로 쓰인다. 모두 동사 〈ない形〉에
접속한다. 〈なければ〉가 〈なきゃ・なけりゃ〉로, 〈なくては〉가 〈なくちゃ〉로 발음이
축약되기도 한다. 〈なければ〉를 〈ねば〉, 〈ならない〉를 〈ならん〉, 〈いけない〉를 〈いか
ん〉으로 바꿀 수도 있지만, 그러면 조금 예스러운 표현이 된다. 〈いけない・ならない〉
를 생략하기도 한다.

明日 내일　学校 학교　行く 가다　早く 빨리　帰る 집에 가다　約束 약속　守る 지키다

1. 그 여자에게 사과해야 합니다.

_____

2. 5시까지 리포트를 내야 합니다.

_____

☑ 1. 彼女に謝らなければなりません。
　　2. 5時までにレポートを出さなければなりません。

Question : 괄호 안에 들어갈 가장 적절한 것을 하나 고르시오.

1. 8時までに学校に(　　　　)なければならない。

① つく　　　　　　　　　　② つか
③ つき　　　　　　　　　　④ つこ

2. 車に乗る時はシートベルトをし(　　　　)ばなりません。

① なく　　　　　　　　　　② ない
③ なけれ　　　　　　　　　④ なくて

☑ 1. ②　2. ③

彼女 (かのじょ) 그 여자　謝る (あやま) 사과하다　5時 (ごじ) 5시　出す (だ) 내다　8時 (はちじ) 8시　学校 (がっこう) 학교　車 (くるま) 자동차
乗る (の) 타다　時 (とき) 때

77

だんだん / どんどん

☑ Point 1 : 의미　점점(차차) / 점점(척척, 부쩍).

☑ Point 2 : 쓰임　사물이 계속해서 변해가는 모습을 나타내는 말이다.

예문

① だんだん暑くなる。

② だんだん良くなっているよ。

③ 人口がどんどん減っている。

① 점점 더워진다.
② 점점 좋아지고 있다.
③ 인구가 점점 줄고 있다.

알아두기

〈だんだん〉은 단계 또는 순서에 따라 조금씩 변해가는 것을 나타낸다. 이에 비해 〈どんどん〉은 변화의 폭이 크며 힘도 느껴진다. 〈どんどん〉은 큰 북이 힘차게 쿵쿵, 둥둥 울리는 소리를 나타내기도 한다. 변화의 정도를 큰 북소리에 연계하여 가늠하면 이해에 도움이 된다. 〈食べてください〉에는 〈どんどん〉을 쓴다. 식사 시 인사말로는 상대에게 마음껏 먹으라는 의미를 담은 〈どんどん〉이 적절하다.

暑くなる 더워지다　良くなる 좋아지다　人口 인구　減る 줄다　食べる 먹다

---

1. 조금씩 마음을 열다.

_____

2. 덕분에 일이 척척 진행되고 있다.

_____

☑ 1. だんだん心を開く。
   2. おかげで、仕事がどんどん進んでいる。

문제풀이   Question : 괄호 안에 들어갈 가장 적절한 것을 하나 고르시오.

1. 辺りは(   )明るくなっていった。

   ① だんだん   ② ぺらぺら
   ③ くどくど   ④ にこにこ

2. (   )食べてください。

   ① だんだん   ② けらけら
   ③ どんどん   ④ ちびちび

☑ 1. ① 2. ③

心を開く 마음을 열다 仕事 일 進む 진행되다 辺り 주변 明るい 밝다 食べる 먹다

ーことができる

☑ Point 1 : 의미　 −할 수 있다.

☑ Point 2 : 쓰임　동사에 접속하여 가능의 의미를 나타내는 형식이다.

예문

① 彼はピアノを弾くことができる。

② 学校ではタバコを吸うことができません。

③ 大学に入ることができて嬉しい。

① 그 사람은 피아노를 칠 수 있다.
② 학교에서는 담배를 필 수 없습니다.
③ 대학에 들어갈 수 있어서 기쁘다.

알아두기

동사 기본형 + 〈ことができる〉의 형태로 그 동작을 할 수 있다는 의미를 나타낸다.
〈ことを〉라 하면 비문이 된다.

彼 그 사람　弾く 치다　学校 학교　吸う 피우다　大学 대학　入る 들어가다　嬉しい
기쁘다

---

1. 여기에서는 신선한 생선을 먹을 수 있다.

_____

2. 숙제를 오후까지 끝낼 수 있다.

_____

☑ 1. ここでは新鮮な魚を食べることができる。
   2. 宿題を午後までに終えることができる。

문제풀이   Question : 괄호 안에 들어갈 가장 적절한 것을 하나 고르시오.

1. お金をたくさん稼ぐこと(　　　　)できる。

   ① を   ② が
   ③ に   ④ と

2. ここで神戸牛を食べる(　　　　)ができるんだって。

   ① もの   ② こと
   ③ はず   ④ ばかり

☑ 1. ② 2. ②

新鮮だ 신선하다   魚 생선   食べる 먹다   宿題 숙제   午後 오후   終える 끝내다   お金 돈   稼ぐ 벌다   神戸牛 고베산 소고기

어휘·문형	037	
level	N4	**－eる**

☑ Point 1 : 의미　－할 수 있다.

☑ Point 2 : 쓰임　1그룹 동사가 형태를 바꾸어 가능의 의미를 나타내는 형식이다.

예문

① どこへでも行ける。

② 私が待てるのは4時までです。

③ 簡単な漢字は読めるようになりました。

① 어디라도 갈 수 있다.
② 내가 기다릴 수 있는 것은 4시까지입니다.
③ 간단한 한자는 읽을 수 있게 되었습니다.

알아두기

1그룹 동사는 〈－u〉로 끝나는 특징을 지니는데, 이 〈－u〉를 〈－e ru〉의 형태로 고치면 가능의 의미를 갖게 된다. 동작 대상에 일반적으로 조사 〈が〉가 오지만 〈を〉를 사용하기도 한다.

行ける 갈 수 있다　私 나　待てる 기다릴 수 있다　4時 4시　簡単だ 간단하다　漢字 한자　読める 읽을 수 있다

1. 지금 바빠서 당분간 그녀를 만날 수 없다.

_____

2. 이 리포트는 내일까지 쓸 수 없습니다.

_____

☑ 1. 今忙しいので、しばらく彼女に会えない。
   2. このレポートは明日までに書けません。

Question : 괄호 안에 들어갈 가장 적절한 것을 하나 고르시오.

1. 怖くてバイキングに(　　　　)ない。

　① 乗り　　　　　　　　　　　　② 乗ろ
　③ 乗れ　　　　　　　　　　　　④ 乗る

2. なんで好きだって(　　　　)ないんだよ。

　① 言う　　　　　　　　　　　　② 言い
　③ 言お　　　　　　　　　　　　④ 言え

☑ 1. ③　2. ④

今 지금　忙しい 바쁘다　彼女 여자 친구　会える 만날 수 있다　明日 내일　書ける 쓸
수 있다　怖い 무섭다　乗れる 탈 수 있다　乗る 타다　好きだ 좋아하다　言える 말할 수
있다　言う 말하다

ー(ら)れる

☑ Point 1 : 의미 　―당하다, ―할 수 있다, ―하시다, ―(자연히) 하게 되다.

☑ Point 2 : 쓰임 　수동, 가능, 존경, 자발을 나타내는 형식이다.

예문

① 親に怒られた。

② 何でも食べられる。

③ 金先生、どこへ行かれますか。

① 부모님에게 혼났다.
② 무엇이든지 먹을 수 있다.
③ 김 선생님, 어디에 가십니까?

알아두기

1그룹 동사 〈ない形〉 + 〈れる〉, 2그룹 동사 〈ない形〉 + 〈られる〉와 같은 접속 형태를 취한다. 3그룹 동사 〈する・くる〉는 불규칙 활용을 하여 〈される・こられる〉로 변한다. 〈ー(ら)れる〉의 형태로 다양한 뜻을 나타내는데 의미 파악은 문맥을 잘 살펴서 한다. 자발의 〈ー(ら)れる〉는 보통 〈思い出す・考える・感じる・案じる・期待する〉 등과 같이 생각이나 감정을 나타내는 동사와 결합한다.

親 부모　怒る 화내다　何でも 무엇이든지　食べる 먹다　金先生 김 선생님　行く 가다
思い出す 생각해 내다　考える 생각하다　感じる 느끼다　案じる 궁리하다　期待する
기대하다

---

1. 그날 일이 어제 일처럼 생각난다.

_____

2. 전차에서 발을 밟혀 다쳤다.

_____

☑ 1. あの日のことが昨日のことのように思い出される。
    2. 電車で足を踏まれて怪我をした。

문제풀이   Question : 괄호 안에 들어갈 가장 적절한 것을 하나 고르시오.

1. 混雑(   )予想されますので、ご注意ください。

    ① に   ② を
    ③ が   ④ の

2. 早く(   )られますか。もし遅れる場合はご連絡ください。

    ① くる   ② こ
    ③ くれ   ④ こい

☑ 1. ③   2. ②

あの日 그날   昨日 어제   思い出す 생각해 내다   電車 전차   足 발   踏む 밟다   怪我 부상   混雑 혼잡   予想 예상   注意 주의   早く 빨리   遅れる 늦다   場合 경우   連絡 연락

一(さ)せる

☑ Point 1 : 의미 　－시키다, －하게 하다.

☑ Point 2 : 쓰임 　사역을 나타내는 형식이다.

예문

① おつかいに行かせる。

② 子供に野菜を食べさせる。

③ 妹に現金を用意させる。

① 심부름시킨다.
② 아이에게 야채를 먹이다.
③ 여동생에게 현금을 준비시킨다.

알아두기

1그룹 동사 〈ない形〉＋〈せる〉, 2그룹 동사 〈ない形〉＋〈させる〉와 같은 접속 형태를 취하여 사역의 의미를 나타낸다. 3그룹 동사 〈する·くる〉는 불규칙 활용을 하여 〈させる·こさせる〉로 변한다. 1그룹 동사는 〈ない形〉＋〈す〉의 형태로 사역을 나타내기도 한다.

行く 가다　　子供 아이　　野菜 야채　　食べる 먹다　　妹 여동생　　現金 현금　　用意 준비

1. 당신 곁에 있게 해 주세요.

_____

2. 기다리는 것도 기다리게 하는 것도 싫다.

_____

☑ 1. あなたのそばに居させてください。
   2. 待つのも待たすのもきらいだ。

문제풀이   Question : 괄호 안에 들어갈 가장 적절한 것을 하나 고르시오.

1. 彼がやりたいと言ったことは(   )せてあげたい。

   ① やり   ② やれ
   ③ やら   ④ やる

2. 子供たちをわたしのところに(   )なさい。

   ① き   ② こさせ
   ③ こ   ④ きせ

☑ 1. ③   2. ②

居る 있다   待つ 기다리다   待たす 기다리게 하다   彼 그 사람   言う 말하다   子供 아이

ーている

☑ Point 1 : 의미　ー하고 있다, ー어(여) 있다.

☑ Point 2 : 쓰임　동작의 진행 또는 동작이 완료된 상태를 나타내는 형식이다.

예문

① こどもが泣いている。

② ドアが開いている。

③ ドアを開けている。

① 아이가 울고 있다.
② 문이 열려 있다.
③ 문을 열고 있다.

알아두기

자동사 ＋ 〈ている〉는 동작의 진행과 상태를 나타낸다. 동작동사 〈泣く·笑う·降る·走る…〉는 진행을, 변화동사 〈開く·落ちる·来る·帰る…〉는 상태를 나타낸다. 타동사 ＋ 〈ている〉는 주로 진행을 나타낸다. 단 몸치장과 관련된 변화동사 〈着る·被る·掛ける·履く…〉는 상태를 나타내기도 한다. 변화 자동사의 순간적 변화 진행을 나타내고 싶을 때는 〈ている〉를 사용하지 않으며, 기본형으로 〈とき ／ しゅんかん ／ とちゅう〉 등을 수식하는 형태의 우회 표현을 쓴다.

泣く 울다　開く 열리다　開ける 열다　笑う 웃다　降る 내리다　走る 달리다　落ちる 떨어지다　来る 오다　帰る 귀가하다　着る 입다　被る 쓰다　掛ける 걸치다　履く 신다

---

1. 그 사람은 지금 거울 앞에서 모자를 쓰고 있다.

_____

2. 저 사람 이상한 모자를 썼어.

_____

☑ 1. 彼は今鏡の前で帽子を被っている。
　 2. あの人変な帽子を被っている。

문제풀이 Question : 괄호 안에 들어갈 가장 적절한 것을 하나 고르시오.

1. 田中さんはもう帰って(　　　)よ。

　① ある　　　　　　　　　② する

　③ いる　　　　　　　　　④ できる

2. ドアが閉まります。(　　　)ドアにご注意ください。

　① 閉まっている　　　　　② 閉まる

　③ 閉まってある　　　　　④ 閉まらない

☑ 1. ③　2. ②

_____

彼 그 사람　今 지금　鏡 거울　前 앞　帽子 모자　被る 쓰다　人 사람　変だ 이상하다
田中 다나까　帰る 귀가하다　閉まる 닫히다　注意 주의

ーてある

☑ Point 1 : 의미 　 －어(여) 있다.

☑ Point 2 : 쓰임 　 동작이 완료된 상태를 나타내는 형식이다.

예문

① ドアが開けてある。

② エアコンが付けてある。

③ 電気が消してある。

① (누군가에 의해)문이 열려 있다.
② (누군가에 의해)에어컨이 켜져 있다.
③ (누군가에 의해)전기가 꺼져 있다.

알아두기

〈が〉 + 타동사 + 〈てある〉는 '누군가에 의해 －어(여) 있다, 누군가가 －해 놓았다'는 의미, 즉 누군가에 의한 인위적 동작 완료 상태를 나타낸다. 동작 대상에 조사 〈が〉를 쓰지 않고 〈を〉를 쓰면 말하는 사람이 동작 주가 된다. 자동사 + 〈てある〉는 비문이다.

開ける 열다　付ける 켜다　電気 전기　消す 끄다

1. 책에 이름이 써져 있다.

_____

2. 이미 다나까 씨에게 말해 놓았다.

_____

☑ 1. 本に名前が書いてある。
　 2. もう田中さんに話してある。

문제풀이　Question : 괄호 안에 들어갈 가장 적절한 것을 하나 고르시오.

1. 壁にポスターが貼って(　　　)ます。

　① い　　　　　　　　　② いき
　③ あり　　　　　　　　④ き

2. ビール(　　　)冷やしてありますよ。

　① へ　　　　　　　　　② を
　③ に　　　　　　　　　④ と

☑　1. ③　2. ②

本 책　名前 이름　書く 쓰다　田中 다나까　話す 말하다　壁 벽　貼る 붙이다　冷やす
차게 하다

がぶがぶ / ちびちび

☑ Point 1 : 의미　벌컥벌컥 / 홀짝홀짝.

☑ Point 2 : 쓰임　액체를 마시는 모습을 나타내는 말이다.

예문

① 水をがぶがぶ飲む。

② コーヒーをちびちび飲む。

③ 一人でゆっくりちびちび飲みたい。

① 물을 벌컥벌컥 마신다.
② 커피를 홀짝홀짝 마신다.
③ 혼자서 느긋하게 홀짝홀짝 한잔하고 싶다.

알아두기

〈がぶがぶ〉는 액체를 대량으로 힘차게 들이키는 모습을 나타내며, 〈ちびちび〉는 한 번에 시원스럽게 마시지 않고 조금씩 소량으로 마시는 모습을 나타낸다. 〈がぶがぶ〉와 유사한 말로 〈ごくごく〉가 있는데, 이것은 마시는 모습보다 소리에 중점을 둔 말이다. 한국말 '꿀꺽꿀꺽' 정도에 해당한다고 할 수 있다.

水 물　飲む 마시다　一人 혼자

1. 그 사람은 주스를 단숨에 벌컥벌컥 다 마셨다.

_____

2. 나는 위스키를 조금씩 홀짝홀짝 마시는 거를 좋아한다.

_____

☑ 1. 彼はジュースを一気にがぶがぶと飲み干した。
  2. 私はウイスキーを少しずつちびちび飲むのが好きだ。

문제풀이　Question : 괄호 안에 들어갈 가장 적절한 것을 하나 고르시오.

1. そんなに(　　　　)飲んではいけません。

① すやすや　　　　　　② げらげら
③ ひそひそ　　　　　　④ がぶがぶ

2. 普段は(　　　　)飲むんだけど、昨日はがぶ飲みしてしまった。

① がぶがぶ　　　　　　② ころころ
③ ちびちび　　　　　　④ ずきずき

☑ 1. ④　2. ③

彼 그 사람　一気に 단숨에　飲み干す 다 마시다　私 나　少しずつ 조금씩　飲む
마시다　好きだ 좋아하다　普段 평소　昨日 어제　がぶ飲み 벌컥벌컥 마심

だけ

☑ Point 1 : 의미　뿐, 만, 만큼.

☑ Point 2 : 쓰임　범위를 한정하거나 범위의 정도를 나타내는 말이다.

예문

① 一つだけ選んでください。

② 練習した分だけうまくなる。

③ できるだけ早く来てください。

① 하나만 고르세요. (절대적 한정)
② 연습한 정도만큼 잘하게 된다. (최대치 정도)
③ 가능한 한(정도만큼) 빨리 와 주세요. (최대치 정도)

알아두기

〈だけ〉는 '−뿐, 만(only)'의 뜻으로 절대적 한정을 나타내기도 하며, '−만큼(as much as)'의 뜻으로 범위 정도를 나타내기도 한다. 정도를 나타내는 경우는 그 범위 '최대치 정도만큼(까지)'의 의미를 지닌다. 최대치 정도는 〈−た分だけ / 可能動詞 + だけ / −たい だけ / ほしいだけ / すきなだけ / −だけ−てみる〉 등의 형태를 취한다. 〈のみ / きり〉에 도 범위를 한정하는 용법이 있는데 〈のみ〉는 〈だけ〉의 문어 투이며, 〈きり〉는 보통 조수사 를 동반하거나 용언의 수식을 받아 〈だけ〉의 한정 폭을 한층 강조하는 말이다. 그러나 〈のみ / きり〉에는 범위 정도를 나타내는 〈だけ〉의 용법은 없다. 이 점 틀리지 않도록 주의한다.

一つ 하나　選ぶ 고르다　練習 연습　−分 −정도　早く 빨리　来る 오다　可能動詞 가능동사

---

1. 그 사람은 영어뿐만 아니라 일본어도 할 수 있다. (절대적 한정)

_____

2. 먹고 싶은 만큼 먹어라. (최대치 정도)

_____

☑ 1. 彼は英語だけでなく、日本語も話せる。
    2. 食べたいだけ食べなさい。

문제풀이   Question : 괄호 안에 들어갈 가장 적절한 것을 하나 고르시오.

1. あなたが欲しい(　　　)取りなさい。

   ① のみ   ② きり
   ③ だけ   ④ しか

2. やる(　　　)やってみる。

   ① きり   ② しか
   ③ のみ   ④ だけ

☑ 1. ③   2. ④

彼 그 사람   英語 영어   日本語 일본어   話せる 말할 수 있다   食べる 먹다   欲しい 원하다   取る 취하다, 갖다

のみ

☑ Point 1 : 의미　뿐, 만.
☑ Point 2 : 쓰임　범위 한정을 나타내는 말이다.

예문

① お支払いは現金のみです。

② 20歳以上の方のみ、ご利用できます。

③ 後はただ結果を待つのみだ。

① 계산은 현금으로만 합니다.
② 20세 이상인 분만 이용할 수 있습니다.
③ 앞으로 오직 결과만 기다리면 된다.

알아두기

〈のみ〉는 범위를 한정하여 '−뿐, 만'의 의미를 나타낸다. 〈だけ〉의 절대적 한정 용법과 같은 용법으로 쓰이지만, 〈だけ〉보다는 다소 딱딱한 문어 투의 어감이 있다. 따라서 공적 행사, 안내, 설명, 비즈니스 등의 상황에 자주 사용된다. 〈ただ −のみだ・ただ −だけだ〉와 같은 형식을 빌려서 한정하는 내용을 더욱 강조하는 용법으로도 많이 쓴다. 〈ここだけの話 / あなた(きみ, おまえ)だけ〉에는 〈のみ〉를 쓰지 않도록 한다. 그 외 〈のみならず〉 등의 관용적 용법에 대해서도 알아두자.

お支払い 계산, 지불　現金 현금　20歳 20세　以上 이상　方 분　利用 이용　後 앞으로, 이제　結果 결과　待つ 기다리다　ここだけの話 우리끼리 이야기

1. 우선은, 용건만 전하고 실례하겠습니다.

_____

2. 할 수 있는 것은 했기 때문에 이제는 신에게 기도만 하면 됩니다.

_____

☑ 1. まずは、用件のみにて失礼いたします。
    2. やれることはやったので、あとは神様に祈るのみです。

Question : 괄호 안에 들어갈 가장 적절한 것을 하나 고르시오.

1. 当店では国産の食材(   )を使用しております。

  ① のみ   ② しか

  ③ きり   ④ さえ

2. 引き返すという選択はない。ただ前進する(   )だ。

  ① しか   ② さえ

  ③ のみ   ④ すら

☑ 1. ①   2. ③

用件 용건   失礼 실례   神様 신   祈る 기도하다   当店 저희 가게   国産 국산   食材 식자재   使用 사용   引き返す 되돌리다   選択 선택   前進 전진

しか

☑ Point 1 : 의미   밖에.

☑ Point 2 : 쓰임   범위 한정을 나타내는 말이다.

예문

① たった一つしかない。

② 行くしかない。

③ 一度だけしか使っていない。

① 단 하나밖에 없다.
② 갈 수밖에 없다.
③ 한 번밖에 사용하지 않았다.

알아두기

〈しか〉는 '−밖에'의 의미를 지닌다. 부정어〈ない〉를 수반하여 〈しか −ない〉 형식으로 '−밖에 없다' 즉 그것만 한다(있다)는 의미를 나타낸다. 결국 부정어〈ない〉가 함께 사용될 뿐, 〈だけ〉의 절대적 한정 용법과 큰 차이가 없다고 할 수 있다. 〈しか −ない〉를 강조하기 위해 〈だけしか −ない〉 형식이 사용되기도 한다.

一つ 하나   行く 가다   一度 한 번   使う 사용하다

1. 앞으로 10분밖에 남지 않았다.

_____

2. 택시를 탈 수밖에 없다.

_____

☑   1. あと10分しかない。
    2. タクシーに乗るしかない。

문제풀이   Question : 괄호 안에 들어갈 가장 적절한 것을 하나 고르시오.

1. 残念ながら諦める(   )なかった。

   ① のみ   ② しか
   ③ だけ   ④ ばかり

2. 世界に1つ(   )しかない、自分だけの香水が欲しい。

   ① のみ   ② ばかり
   ③ すら   ④ だけ

☑   1. ②   2. ④

10分 10분   乗る 타다   残念 유감   諦める 포기하다   世界 세계   1つ 하나   自分
자기, 자신   香水 향수   欲しい 갖고 싶다

ばかり

☑ Point 1 : 의미   뿐, 만, 정도.

☑ Point 2 : 쓰임   범위를 한정하거나 범위의 정도를 나타내는 말이다.

예문

① 嘘ばかり言う。

② みんなスマホばかり見ている。

③ まだ1時間ばかり余裕がある。

① 거짓말만 한다. (싱대직 한정)
② 모두 스마트폰만 보고 있다. (상대적 한정)
③ 아직 1시간 정도 여유가 있다. (대략적 정도)

알아두기

범위 경계를 명확하게 하여 '절대적 한정(-뿐, 만(only)), 최대치 정도(-만큼(as much as))'를 나타내는 〈だけ〉와 달리, 〈ばかり〉는 범위 경계의 전후를 두리뭉실하게 하여 '상대적 한정(-뿐, 만(almost)), 대략적 정도(-정도(about))'를 나타낸다. 상대적 한정은 한정 대상 이외에 다른 존재가 일부 포함될 수 있음을 뜻한다. 〈女だけ(여자 100%) / 女ばかり(여자 100% 아니어도 됨)〉과 같다. 〈(ただ) -ばかりだ〉는 〈(ただ) -だけ(のみ)だ〉와 같은 의미이다. 그러나 전자에는 다른 선택지가 있음에도, 후자에는 선택지가 없어서의 뉘앙스가 담긴다. 〈-てばかりいる / -ばかりでなく / -たばかり〉 등의 관용적 용법에 대해서도 알아두자.

嘘 거짓말   言う 말하다   見る 보다   1時間 1시간   余裕 여유   女 여자

1. 지금은 그저 기도만 할 뿐이다. (상대적 한정)

_____

2. 아직 반 정도 남아 있다. (대략적 정도)

_____

☑ 1. 今はただ祈るばかりだ。
    2. まだ半分ばかり残っている。

문제풀이   Question : 괄호 안에 들어갈 가장 적절한 것을 하나 고르시오.

1. ご迷惑(   )お掛けして申し訳ございません。

  ① ばかり   ② だけ

  ③ のみ   ④ きり

2. この猫は寝て(   )いるよ。

  ① だけ   ② ばかり

  ③ きり   ④ のみ

☑ 1. ① 2. ②

今 지금 祈る 기도하다 半分 반 残る 남다 ご迷惑を掛ける 폐를 끼치다
申し訳ない 죄송하다 猫 고양이 寝る 자다

さえ

☑ Point 1 : 의미　조차(도), 만, 까지.

☑ Point 2 : 쓰임　강조 예시, 조건 충족, 사태 첨가 등의 의미를 나타내기 위해 사용하는 말
이다.

예문

① 自分の名前さえ書けない。

② お金さえあれば何でもできる。

③ 友達だけでなく、親にさえ嘘をつく。

① 자신의 이름조차 못 쓴다.
② 돈만 있으면 무엇이든 할 수 있다.
③ 친구뿐만 아니라 부모에게까지 거짓말을 한다.

알아두기

〈さえ〉는 보통 부정을 수반하여 '—조차(도)'의 뜻으로 예시를 강조하거나, 〈—さえ—
ば〉 형식을 빌려 '그 조건만 충족하면 그에 상응하는 결과가 나온다'는 의미를 나타내기
위해 사용한다. 또 사태 추가를 위해 〈—だけでなく—さえ〉 형식으로 '—까지'의 의미
로 사용되기도 한다. 강조 예시의 경우에는 〈でさえ〉 형태로도 많이 사용된다. 〈ただで
さえ〉는 관용적으로 '그렇지 않아도'의 뜻으로 쓰인다.

自分 자신　名前 이름　書ける 쓸 수 있다　お金 돈　何でも 무엇이든　友達 친구　親
부모　嘘をつく 거짓말을 하다

---

1. 그 사람에게는 인사조차 하고 싶지 않다.

_____

2. 당신만 곁에 있으면 그 외에 아무것도 필요 없다.

_____

☑ 1. 彼には挨拶さえしたくない。
2. あなたさえそばにいれば、他に何もいらない。

Question : 괄호 안에 들어갈 가장 적절한 것을 하나 고르시오.

1. 彼氏は暇(　　　)あれば電話をかけてくる。

　① はず　　　　　　　　　② しか

　③ さえ　　　　　　　　　④ わけ

2. ただで(　　　)忙しいのに、新しいプロジェクトが始まった。

　① だけ　　　　　　　　　② しか

　③ ばかり　　　　　　　　④ さえ

☑ 1. ③　2. ④

彼 그 사람　挨拶 인사　他に 그 외에　何も 아무것도　彼氏 남자 친구　暇 짬, 틈　電話 전화　忙しい 바쁘다　新しい 새롭다　始まる 시작되다

어휘·문형	**048**	
level	**N1**	**すら**

☑ Point 1 : 의미　조차(도).

☑ Point 2 : 쓰임　강조 예시를 나타내는 말이다.

예문

① 英語で挨拶すらできない。

② 彼の名前すら知らない。

③ それは子供ですら知っているよ。

① 영어로 인사조차 못 한다.
② 그 사람 이름조차 모른다.
③ 그것은 아이들(조차)도 알고 있어.

알아두기

〈すら〉는 하나의 사례를 들어 강조할 때 쓰는 말이다. 주로 부정을 수반하여, 다른 것들은 물론이며 '−조차(도) −않다(못하다)'의 의미를 나타낸다. 〈さえ〉의 강조 예시 용법과 같으나 문어 투의 말이다. 〈ですら〉 형태로도 많이 사용된다. 〈すら〉에는 〈さえ〉의 조건 충족(〈−さえ−ば〉)과 사태 첨가(〈−だけでなく−さえ〉)와 같은 용법은 없다. 〈すら〉는 강조 예시 용법으로만 사용된다는 점에 유의한다.

英語 영어　**挨拶** 인사　**彼** 그 사람　**名前** 이름　**知る** 알다　**子供** 아이들

1. 일이 너무 바빠서 점심조차도 먹지 못했다.

_____

2. 그 사람은 사소한 일(조차)로도 금방 화를 낸다.

_____

☑ 1. 仕事が忙しすぎて昼飯すら食べられなかった。
2. 彼はちょっとしたことですら、すぐ怒る。

문제풀이　　Question : 괄호 안에 들어갈 가장 적절한 것을 하나 고르시오.

1. この問題は東大生(　　　)すら解けなかった。

① で　　　　　　　　② ば
③ を　　　　　　　　④ は

2. 彼は自分一人で(　　　)すらできない。

① 歩く　　　　　　　② 歩くこと
③ 歩いた　　　　　　④ 歩け

☑ 1. ①　2. ②

仕事 일　忙しい 바쁘다　昼飯 점심　食べる 먹다　彼 그 사람　怒る 화를 내다　問題
문제　東大生 도쿄대 학생　解ける 풀 수 있다, 풀리다　自分一人 자기 혼자　歩く 걷다

がんがん / ずきずき

☑ Point 1 : 의미　욱신욱신, 지끈지끈.
☑ Point 2 : 쓰임　신체 부위의 지속적 통증을 나타내는 말이다.

예문

① 頭ががんがんする。

② 頭がずきずきする。

③ 傷口がずきずきと痛む。

① 머리가 지끈거린다.
② 머리가 지끈지끈 아프다.
③ 상처가 욱신욱신 아프다.

알아두기

〈がんがん / ずきずき〉는 몸이 심장 박동에 맞춰가며 지속해서 아픈 모습을 나타내는 말이다. 〈がんがん〉은 머리 전체가 크게 울리듯 아픈 모습이며 머리 통증의 경우에만 사용한다. 반면에 〈ずきずき〉는 신체 모든 부위에 대해 사용할 수 있다. 〈頭ががんがんする〉는 머리 전체의 통증, 〈頭がずきずきする〉는 머리 일부분의 통증을 나타내는 느낌이 있다.

頭 머리　傷口 상처　痛む 아프다

---

1. 숙취로 머리가 지끈거린다.

_____

2. 사랑니가 욱신욱신 아프다.

_____

☑ 1. 二日酔いで頭ががんがんする。
   2. 親知らずがずきずきと痛む。

Question : 괄호 안에 들어갈 가장 적절한 것을 하나 고르시오.

1. まだ頭は(　　　　)するけど、熱はもうないよ。

   ① むかむか　　　　　　　　② すやすや
   ③ がんがん　　　　　　　　④ わくわく

2. (　　　　)と目の奥が痛む。

   ① ずきずき　　　　　　　　② あたふた
   ③ がんがん　　　　　　　　④ びしょびしょ

☑ 1. ③　2. ①

_____

二日酔い 숙취　頭 머리　親知らず 사랑니　痛む 아프다　熱 열　目 눈　奥 안쪽

ーよ / ーね

☑ Point 1 : 의미　　ー(하)다, ー해요 / ー(하)네, ー군요, ー네요.

☑ Point 2 : 쓰임　　문 말에 위치해 다양한 의미를 덧붙이는 형식 중 하나로 주장이나 정보 전달을 할 때, 상대의 동의를 구할 때 등에 사용된다.

예문

① それは違いますよ。

② いい天気ですね。

③ 暑いですよね。

① 그것은 틀려요.
② 좋은 날씨네요.
③ 덥네요, 그렇지요?

알아두기

〈ーよ〉는 자신의 느낌이나 감정 또는 상대가 모르는 사실이나 정보를 전달하거나 주장할 때 사용되며, 〈ーね〉는 자신의 느낌이나 감정 또는 상대와 공유하는 정보에 대해 동의를 구하거나 확인할 때 사용된다. 〈ーよね〉는 양자의 쓰임이 혼합된 형태로 〈ーよ〉에 대한 동의 또는 확인을 구하는 형식이다.

違う 틀리다　天気 날씨　暑い 덥다

1. 어제 파티는 정말 재미있었어요.

_____

2. 미국에 또 가고 싶네.

_____

☑ 1. 昨日のパーティーはすごく楽しかったですよ。
　 2. アメリカにまた行きたいね。

문제풀이　Question : 괄호 안에 들어갈 가장 적절한 것을 하나 고르시오.

1. A: 外雨降っている?　B: うん、(　　　　)。

　①降ってあるよ　　　　　　②降っておくね
　③降っているよ　　　　　　④降っていくね

2. A: このケーキうまいね。　　B: ええ、(　　　　)。

　①まずいよ　　　　　　　　②うまくないよ
　③まずかったね　　　　　　④うまいね

☑ 1. ③　2. ④

昨日(きのう) 어제　楽(たの)しい 즐겁다　行(い)く 가다　外(そと) 밖　雨(あめ) 비　降(ふ)る 내리다

ーくらい / ーほど

☑ Point 1 : 의미　　ー정도, ー쯤.

☑ Point 2 : 쓰임　　수량이나 사태의 대략적 정도를 나타내는 형식이다.

예문

① 30分くらい待ってください。

② せめてこれくらいはできるだろう。

③ 死ぬほど美味しい。

① 30분 정도 기다려 주세요. (수량 대략적 정도)
② 적어도 이 정도는 할 수 있겠지. (사태 최저치 대략적 정도)
③ 죽을 정도로 맛있다. (사태 최고치 대략적 정도)

알아두기

수량 또는 사태의 대략적 정도를 나타낼 때 〈ーくらい / ーほど〉를 사용할 수 있다. 〈ーばかり〉 또한 수량사를 동반하여 대략적 정도를 나타내기도 한다. 이들은 모두 호환 사용이 가능하지만 〈くらい ⇒ ほど ⇒ ばかり〉순으로 딱딱한 어감이 더해진다. 사태 최저치에 대한 대략적 정도, 시각·요일·날짜에는 〈くらい〉만 쓸 수 있다. 사태 최고 치에 대한 대략적 정도를 나타낼 때는 〈くらい〉를 쓸 수도 있지만 〈ほど〉를 쓰는 것이 좋다. 부정 정도 비교 〈京都は東京ほど新しくない〉에는 〈ほど〉를 사용하며, 긍정 정도 비교 〈奈良は京都と同じくらい古い〉에는 〈くらい〉를 사용한다.

30分 30분　待つ 기다리다　死ぬ 죽다　美味しい 맛있다　京都 교토　東京 도쿄
新しい 새롭다　奈良 나라　同じ 같음　古い 오래되다

1. 자신의 이름 정도도 쓰지 못한다. (사태 최저치 대략적 정도)

_____

2. 눈물이 나올 정도로 즐겁고 기쁘다. (사태 최고치 대략적 정도)

_____

☑ 1. 自分の名前くらいも書けない。
    2. 涙が出るほど嬉しい。

　Question : 괄호 안에 들어갈 가장 적절한 것을 하나 고르시오.

1. 3時(　　　)に集合してください。

    ① ほど　　　　　　　　　② だけ
    ③ くらい　　　　　　　　④ さえ

2. 東京はソウル(　　　)寒くない。

    ① くらい　　　　　　　　② のみ
    ③ しか　　　　　　　　　④ ほど

☑ 1. ③　2. ④

自分 자기　名前 이름　書く 쓰다　涙 눈물　出る 나오다　嬉しい 즐겁고 기쁘다　3時
3시　集合 집합　東京 도쿄　寒い 춥다

－やすい ／ －にくい

☑ Point 1 : 의미 　 －하기 쉽다 ／ －하기 어렵다.

☑ Point 2 : 쓰임 　 동사와 결합하여 그 동작을 하기가 쉽다, 어렵다는 의미를 나타내는 형식
이다.

예문

① このシャツは汚れやすい。

② 分かりやすく説明してください。

③ 平仮名は覚えにくい。

① 　 이 셔츠는 더러워지기 쉽다.
② 　 알기 쉽게 설명해 주세요.
③ 　 히라가나는 외우기 힘들다.

알아두기

〈－やすい ／ －にくい〉는 동사 〈ます形〉에 결합하여 그 동작에 대해 쉬움과 어려움을
나타낸다. 둘 다 〈い形容詞〉 활용을 한다.

汚れる 더러워지다　 分かる 알다, 이해하다　 説明 설명　 平仮名 히라가나　 覚える 외우다
形容詞 형용사

---

1. 이 와인 잔은 사용하기 편하고 잘 안 깨진다.

_____

2. 이 위스키는 마시기 힘들 수도 있습니다.

_____

☑ 1. このワイングラスは使いやすくて割れにくい。
   2. このウイスキーは飲みにくいかもしれません。

문제풀이   Question : 괄호 안에 들어갈 가장 적절한 것을 하나 고르시오.

1. 野菜を(   )やすいサイズに切っておく。

   ① 食べる   ② 食べた
   ③ 食べ   ④ 食べて

2. 平仮名が多すぎると、読み(   )なる。

   ① にくい   ② にくく
   ③ にくかった   ④ にくくて

☑ 1. ③   2. ②

使う 사용하다   割れる 깨지다   飲む 마시다   野菜 야채   食べる 먹다   切る 자르다
平仮名 히라가나   多すぎる 너무 많다   読む 읽다

어휘·문형	053	ーっぽい / ーらしい
level	N2	

☑ Point 1 : 의미　　ー경향이 있다 / ー답다.

☑ Point 2 : 쓰임　　명사에 결합하여 그러한 경향이나 성질이 있다는 의미를 나타내는 형식이다.

예문

① ご飯が水っぽくなってしまった。

② 子供っぽいところがある。

③ 男らしい人が好きだ。

① 밥이 질게 되어 버렸다.
② 아이 같은 데가 있다.
③ 남자다운 사람을 좋아한다.

알아두기

〈ーっぽい〉는 명사 또는 동사 〈ます形〉에 결합하며, 〈ーらしい〉는 명사와 결합한다. 양자 모두 그러한 성향이나 성질이 있음을 나타내는 형식이다. 〈ーっぽい〉는 'ー경향이 있다, ー같다, 자주 ー하다'의 뜻을 지니며 〈ーらしい〉는 'ー답다, ー스럽다'의 뜻을 지닌다.

ご飯 밥　水っぽい 수분이 많다　子供っぽい 아이 같다　男らしい 남자답다　人 사람
好きだ 좋아하다

---

1. 최근 왠지 자주 잊어버려.

_____

2. 어른스럽게 행동해 주세요.

_____

☑ 1. 最近、何だか忘れっぽい。
　 2. 大人らしく振る舞ってください。

문제풀이　Question : 괄호 안에 들어갈 가장 적절한 것을 하나 고르시오.

1　認知症の初期に怒り(　　　　　)なるケースがあります。

　① っぽい　　　　　　　　　② っぽく

　③ らしい　　　　　　　　　④ らしく

2　遊んでばかりいないで、学生(　　　　)もっと勉強しなさい。

　① ように　　　　　　　　　② ような

　③ らしく　　　　　　　　　④ らしい

☑ 1. ②　2. ③

最近 최근　何だか 왠지　忘れっぽい 자주 잊어 버린다　大人らしい 어른스럽다
振る舞う 행동하다　認知症 치매　初期 초기　怒りっぽい 자주 화내다　遊ぶ 놀다
学生 학생　勉強 공부

115

ーがる / ーぶる

☑ Point 1 : 의미   ー해 하다, ー하게 여기다(생각하다) / ー체(척) 하다.

☑ Point 2 : 쓰임   화자의 시점에서 다른 사람의 감정이나 행동을 묘사하는 형식이다.

예문

① 彼は寂しがっている。

② 山田さんはアメリカに行きたがっている。

③ あの子、可愛い子ぶっている。

① 그 사람은 외로워하고 있다.

② 야마다 씨는 미국에 가고 싶어 한다.

③ 저 아이, 예쁜 척하고 있다.

알아두기

〈ーがる〉는 형용사 어간에 결합하여 다른 사람의 감정을 나타내며, 〈ーぶる〉는 명사 및 형용사 어간에 결합하여 다른 사람의 행동을 나타낸다. 의미상으로는 'ー해 하다'와 'ー체 하다'로 구별된다고 할 수 있다. 〈ーがる〉는 명사와는 결합하지 않는다. 〈ーぶる〉 에는 타인의 행동에 대한 비난의 의미가 내포된다.

彼 그 사람   寂しがる 외로워 하다   山田 야마다   行きたがる 가고 싶어 하다   あの子 저 아이   可愛い子ぶる 예쁜 아이인 체하다

---

1. 그 사람은 외제 차를 갖고 싶어 한다.

_____

2. 친절한 척하며 남자에게 어필하고 있다.

_____

☑ 1. 彼は外車を欲しがっている。
2. 親切ぶって男にアピールしている。

문제풀이 Question : 괄호 안에 들어갈 가장 적절한 것을 하나 고르시오.

1. (   )がっているけど、内心ビビっている。

① つよい   ② つよく
③ つよ   ④ つよけれ

2. もういい子(   )なくてもいいよ。

① がる   ② ぶる
③ がら   ④ ぶら

☑ 1. ③   2. ④

彼 그 사람   外車 외제 차   欲しがる 갖고 싶어 하다   親切ぶる 친절한 체하다   男 남자
内心 내심   いい子ぶる 착한 아이인 체하다

117

―つき / ―ずみ

☑ Point 1 : 의미   ―이(가) 붙어 있음 / ―이(가) 끝남.

☑ Point 2 : 쓰임   명사에 접속하여 부속 또는 완료 상태를 나타내는 형식이다.

예문

① このツアーはガイド付きですか。

② 朝食付きの部屋を予約した。

③ 使用済みのカートリッジを回収する。

① 이 투어는 가이드가 포함되어 있습니까?
② 조식이 제공되는 방을 예약했다.
③ 다 사용한 카트리지를 회수한다.

알아두기

명사와 결합하여 〈―つき〉는 부속 상태를 나타내며 〈―ずみ〉는 완료 상태를 나타낸다. 〈―つき〉는 '―이(가) 붙어 있음', 〈―ずみ〉는 '―이(가) 끝남'을 뜻한다. 〈―ずみ〉는 주로 동작성 명사에 접속하는 특징이 있다.

ガイド付き 가이드 동반   朝食付き 조식 제공   部屋 방   予約 예약   使用済み 사용이
끝남   回収 회수

1. 이 교재는 CD 포함입니다.

_____

2. 이미 발송이 완료되었습니다.

_____

☑ 1. この教材はCD付きです。
　 2. 既に発送済みです。

　Question : 괄호 안에 들어갈 가장 적절한 것을 하나 고르시오.

1. この製品は3年保証(　　　)です。

　① ぶり　　　　　　　　　② ほど
　③ くらい　　　　　　　　④ つき

2. 会員(　　　)済みの方は、こちらからログインできます。

　① 登録する　　　　　　　② 登録しない
　③ 登録した　　　　　　　④ 登録

☑ 1. ④　2. ④

_____

教材 교재　CD付き CD 포함　既に 이미　発送済み 발송 완료　製品 제품　3年 3년
保証付き 보증 포함　会員 회원　登録済み 등록 완료　方 분

わざと / わざわざ

☑ Point 1 : 의미　일부러, 고의로.

☑ Point 2 : 쓰임　의도를 가지고 어떤 행위를 하는 것을 나타내는 말이다.

예문

① わざと人を困らせる。

② わざわざ意地悪をする。

③ わざわざ来てくれてありがとう。

① 일부러 다른 사람을 곤란하게 한다.
② 일부러 심술궂은 짓을 한다.
③ 일부러 와줘서 고마워.

알아두기

〈わざと〉는 어떤 목적을 갖고 고의로 어떤 행위를 하는 것을 나타내는 말이다. 주로 악의적이거나 부정적 의도로 자기 이익을 도모할 때 사용한다. 〈わざわざ〉는 〈わざと〉의 의미로도 사용하지만, 선의를 담아서 일부러(특별히, 모처럼) 그 행위를 하는 의미로도 사용한다. 주로 후자의 뉘앙스로 사용하는 경우가 많다. 선의의 행동에 〈わざと〉를 사용하면 부자연스러운 문이 되거나 오해를 불러일으킬 수 있으므로 조심한다.

人 사람　困らせる 곤란하게 하다　意地悪をする 심술궂은 짓을 하다　来る 오다

---

1. 일부러 모르는 척 한다.

_____

2. 나를 위해 일부러 케이크를 만들어 왔다.

_____

☑ 1. わざと知らないふりをする。
   2. 私のためにわざわざケーキを作ってきた。

문제풀이　　Question : 괄호 안에 들어갈 가장 적절한 것을 하나 고르시오.

1. 彼は(　　　　)お箸を床に落とした。

　① どぶんと　　　　　　　② わざと
　③ ぐっすりと　　　　　　④ くすっと

2. 遠いところ(　　　　)お越しいただき、ありがとうございます。

　① わざと　　　　　　　　② わくわく
　③ わざわざ　　　　　　　④ わいわい

☑ 1. ②　2. ③

知る 알다　私 나　作る 만들다　彼 그 사람　お箸 젓가락　床 바닥　落とす 떨어트리다
遠い 멀다　越す 오시다

ー(よ)うとする / ー(よ)うとおもう

☑ Point 1 : 의미 　-하려고 하다 / -하려고 생각하다.

☑ Point 2 : 쓰임 　화자의 의지를 나타내는 형식이다.

예문

① 新しいアプリを作ろうとしています。

② 帰ろうとした時、雨が降り出した。

③ 私はアメリカに行こうと思っている。

① 새로운 앱을 만들려고 하고 있습니다.
② 집에 가려고 할 때, 비가 내리기 시작했다.
③ 나는 미국에 가려고 생각하고 있다.

알아두기

양자 모두 화자의 의지를 나타내는 형식이지만 강조 포인트가 다르다. 〈-(よ)うとする〉는 의지 행위의 직전 상태를 강조하며, 〈-(よ)うと思う〉는 계획, 결심, 생각 등 화자의 의지 자체를 강조한다.

新しい 새롭다　作る 만들다　帰る 집에 가다　時 때　雨 비　降り出す 내리기 시작하다
私 나　行く 가다　思う 생각하다

1. 무언가 말하려 했지만 잊어 버렸다.

_____

2. 다음 주부터 다이어트를 시작하려고 생각합니다.

_____

☑ 1. なんか言おうとしたけど、忘れてしまった。
　 2. 来週からダイエットを始めようと思います。

문제풀이 Question : 괄호 안에 들어갈 가장 적절한 것을 하나 고르시오.

1. (　　　)としても眠れない。

　① 寝ろ　　　　　　　　　　② 寝よう
　③ 寝　　　　　　　　　　　④ 寝れば

2. 彼女と結婚しよう(　　　)思っている。

　① も　　　　　　　　　　　② が
　③ と　　　　　　　　　　　④ を

☑ 1. ②　2. ③

言う 말하다　忘れる 잊다　来週 다음 주　始める 시작하다　思う 생각하다　寝る 자다
眠れる 잘 수 있다　彼女 그 여자　結婚 결혼

ーつもりだ / ーよていだ

☑ Point 1 : 의미   −할 생각이다 / −할 예정이다.

☑ Point 2 : 쓰임   화자의 의지가 담긴 생각 / 미리 정해진 예정을 나타내는 형식이다.

예문

① 一体どうするつもりだ。

② タバコをやめるつもりです。

③ 今年のイベントは3月24日に行われる予定です。

① 도대체 어떻게 할 생각이냐.
② 담배를 끊을 생각입니다.
③ 올해 이벤트는 3월 24일에 실시될 예정입니다.

알아두기

〈−つもりだ〉는 화자의 의도가 담긴 생각을 나타내며, 〈−予定だ〉는 사전에 조율되어 결정된 예정을 나타낸다. 〈−つもりだ〉는 〈−た + つもりで〉 형식을 빌려 '그렇게 된 것으로 가정하여 그러한 마음(생각)으로'의 뜻을 나타내기도 한다.

一体 도대체   今年 올해   3月24日 3월 24일   行われる 실시되다, 행해지다   予定 예정

1. 그렇게 할 생각이 아니었다.

_____

2. 올해 벚꽃놀이는 누구와 갈 예정입니까?

_____

☑ 1. そんなつもりじゃなかった。
    2. 今年のお花見は、誰と行く予定ですか。

문제풀이   Question : 괄호 안에 들어갈 가장 적절한 것을 하나 고르시오.

1. (   )つもりで生きてみろ。

   ① 死のう   ② 死んだ

   ③ 死ね   ④ 死に

2. 私たちは修学旅行で沖縄へ(   )予定です。

   ① 行った   ② 行こう

   ③ 行く   ④ 行け

☑ 1. ②   2. ③

今年 올해 お花見 벚꽃놀이 誰 누구 行く 가다 予定 예정 死ぬ 죽다 生きる 살다
私たち 우리들 修学旅行 수학여행 沖縄 오키나와

ーことにする / ーことになる

☑ Point 1 : 의미　ー하기로 하다 / ー하게 되다.

☑ Point 2 : 쓰임　의지 / 무의지에 의한 결정 상태를 나타내는 형식이다.

예문

① 明日からタバコをやめることにする。

② 友達と映画を見に行くことにしました。

③ 来月、帰国することになりました。

① 내일부터 담배를 끊기로 하겠다.
② 친구와 영화를 보러 가기로 했습니다.
③ 다음 달, 귀국하게 되었습니다.

알아두기

〈ーことにする〉는 자신의 의지로 결정하여 'ー 하기로 하다'를 의미하며, 〈ーことにな
る〉는 자신의 의지와 상관없이 결정된 것을 'ー 하게 되다'의 의미를 나타낸다. 〈ーこと
とする〉/〈ーこととなる〉를 사용하기도 하지만 이것은 조금 딱딱한 문어적 표현이
된다.

明日 내일　友達 친구　映画 영화　見る 보다　行く 가다　来月 다음 달　帰国 귀국

1. 오늘은 일찍 자기로 하자.

   _____

2. 큰일 났다.

   _____

☑ 1. 今日は早く寝ることにしよう。
   2. 大変なことになった。

Question : 괄호 안에 들어갈 가장 적절한 것을 하나 고르시오.

1. その話はなかったこと(　　　)しよう。

   ① に　　　　　　　　　　　② が
   ③ を　　　　　　　　　　　④ へ

2. 本日をもちましてサービスを終了させていただくこと(　　　)なりました。

   ① に　　　　　　　　　　　② を
   ③ へ　　　　　　　　　　　④ か

☑ 1. ①　2. ①

今日 오늘　早く 빨리　寝る 자다　大変 큰일　話 이야기　本日 금일　終了 종료

―(を)きにする / ―(が)きになる

☑ Point 1 : 의미　　―을 신경 쓰다(걱정하다) / ―가 신경 쓰이다(걱정되다).

☑ Point 2 : 쓰임　　의식 / 무의식에 의한 신경 쓰임 상태를 나타내는 형식이다.

① 人目を気にする。

② そんなことは気にしないでください。

③ 前髪がちょっと気になる。

① 다른 사람 시선을 신경 쓰다.
② 그런 일은 신경 쓰지 마세요.
③ 앞머리가 조금 신경 쓰인다.

〈―(を)きにする〉는 어떤 사태에 대해 의식적으로 신경을 쓰는 모습을 나타내며, 〈―(が)きになる〉는 어떤 사태가 무의식적으로 신경 쓰이는 모습을 나타낸다. 동사 분류에 있어 양자는 타동사 자동사의 대립 관계에 있다.

人目^{ひとめ} 다른 사람 시선　気^きにする 신경 쓰다　前髪^{まえがみ} 앞머리　気^きになる 신경 쓰이다

1. 너무 신경을 쓰는 성격을 고치고 싶다.

_____

2. 좋아하지 않지만, 조금 신경이 쓰이는 사람이 있다.

_____

☑ 1. 気にしすぎる性格を直したい。
　 2. 好きじゃないけど、ちょっと気になる人がいる。

Question : 괄호 안에 들어갈 가장 적절한 것을 하나 고르시오.

1. 誰が何と言おうと、俺は気(　　　　)しない。

　 ① が　　　　　　　　　　　② を
　 ③ に　　　　　　　　　　　④ と

2. 気に(　　　　)点がございましたら、お気軽にご質問ください。

　 ① ある　　　　　　　　　　② ない
　 ③ なる　　　　　　　　　　④ ならない

☑ 1. ③　2. ③

気にする 신경 쓰다　性格 성격　直す 고치다　好きだ 좋아하다　気になる 신경 쓰이다
人 사람　誰 누구　何 무엇　言う 말하다　俺 나　点 점　お気軽に 편하게　質問 질문

―が(を) ―たい / ―を ―たがる

☑ Point 1 : 의미　　―가(를) 하고 싶다 / ―를 하고 싶어 하다.

☑ Point 2 : 쓰임　　행위에 대한 욕구나 희망을 나타내는 형식이다.

예문

① 今日、何がしたいですか。

② 今日はどこにも行きたくないです。

③ 彼は新しい車を買いたがっている。

① 오늘 무엇이 하고 싶습니까?
② 오늘은 어디에도 가고 싶지 않습니다.
③ 그 사람은 새 차를 사고 싶어 한다.

알아두기

동사〈ます形〉+〈たい〉는 1인칭·2인칭 희망을, 동사〈ます形〉+〈たがる〉는 3인칭 희망을 나타낸다.〈たい〉는〈い〉형용사 활용,〈たがる〉는 1그룹 동사 활용을 한다.〈たがる〉는 보통〈たがっている〉의 형태를 많이 취한다.〈たい〉는 동작 대상에 조사〈―が / ―を〉둘 다 사용한다.

今日 오늘　何 무엇　行く 가다　彼 그 사람　新しい 새롭다　車 차　買う 사다

1. 하루라도 빨리 그 사람을 만나고 싶습니다.

_____

2. 고양이가 밖으로 나가고 싶어 한다.

_____

☑ 1. 一日でも早く彼に会いたいです。
   2. 猫が外に出たがっている。

문제풀이 Question : 괄호 안에 들어갈 가장 적절한 것을 하나 고르시오.

1. 冷たいビールが( )たい。

   ① 飲み   ② 飲む
   ③ 飲ま   ④ 飲んで

2. 彼はどこかへ行き( )います。

   ① たい   ② ほしがって
   ③ ほしい   ④ たがって

☑ 1. ①   2. ④

一日 하루   早く 빨리   彼 그 사람   会う 만나다   猫 고양이   外 밖   出る 나가다   冷たい 차갑다   飲む 마시다   行く 가다

131

ーがほしい / ーをほしがる

☑ Point 1 : 의미　　ー를 원하다 / ー를 원하고 있다.

☑ Point 2 : 쓰임　　사물에 대한 욕구나 희망을 나타내는 형식이다.

예문

① コーヒーが欲しい。

② 何も欲しくない。

③ 彼は外車を欲しがっている。

① 커피를 마시고 싶다.
② 아무것도 원하지 않아.
③ 그 사람은 외제차를 갖고 싶어 한다.

알아두기

〈ーがほしい / ーをほしがる〉는 한국어 'ー를 원하다 / ー를 원하고 있다'의 의미를 지니지만 상황에 따라 다양한 의미로 해석될 수 있다. 〈ほしい〉는 1인칭·2인칭 희망을, 〈ほしがる〉는 3인칭 희망을 나타낸다. 〈ほしい〉는 〈い〉형용사 활용, 〈ほしがる〉는 1그룹 동사 활용을 한다. 〈ほしがる〉는 보통 〈ほしがっている〉의 형태를 많이 취한다. 〈ほしい〉는 동작 대상에 조사 〈が〉를 사용한다.

欲しい 원하다　　何も 아무것도　　彼 그 사람　　外車 외제차　　欲しがる 원하고 있다

1. 생일에 무엇을 원합니까?

_____

2. 그 사람은 다나까 씨 만년필을 갖고 싶어 합니다.

_____

☑ 1. 誕生日に何がほしいですか。
   2. 彼は山田さんの万年筆をほしがっています。

Question : 괄호 안에 들어갈 가장 적절한 것을 하나 고르시오.

1. ご飯を作ってくれる人(　　　)ほしい。

   ① を   ② と
   ③ が   ④ に

2. これは誰も(　　　)ないだろう。

   ① ほしがら   ② たがら
   ③ ほしがる   ④ たがる

☑ 1. ③   2. ①

誕生日 생일   何 무엇   彼 그 사람   山田 야마다   万年筆 만년필   ご飯 밥   作る 만들다
人 사람   誰 누구

ころころ / ごろごろ

☑ Point 1 : 의미   떼굴떼굴 / 데굴데굴.

☑ Point 2 : 쓰임   물건이 굴러가는 모습을 나타내는 말이다.

예문

① ボールがころころ転がっていく。

② 大きな石がごろごろと転がってきた。

③ ドラム缶をごろごろ転がす。

① 볼이 떼굴떼굴 굴러간다.
② 큰 돌이 데굴데굴 굴러왔다.
③ 드럼통을 데굴데굴 굴린다.

알아두기

물건의 크기에 따라 사용이 구별된다. 〈ころころ〉는 작은 물건, 〈ごろごろ〉는 큰 물건이 굴러가는 모습을 나타낸다. 사람에 빗대어 표현하기도 한다.

転がる 구르다   大きな石 큰 돌   ドラム缶 드럼통   転がす 굴리다

1. 3분 정도 고기를 떼굴떼굴 굴려 가며 구워 주세요.

_____

2. 하루 종일 집에서 빈둥거리고 있다.

_____

☑ 1. 3分くらい、お肉をころころ転がしながら焼いてください。
　 2. 一日中、家でごろごろしている。

문제풀이　Question : 괄호 안에 들어갈 가장 적절한 것을 하나 고르시오.

1. 蛍光灯から(　　　　)と音がする。

　① ころころ　　　　　　　　② むかむか
　③ いらいら　　　　　　　　④ うかうか

2. ベッドで(　　　　)しながらスマホをいじっている。

　① わくわく　　　　　　　　② うとうと
　③ ごろごろ　　　　　　　　④ にこにこ

☑ 1. ①　2. ③

3分 3분　お肉 고기　転がす 굴리다　焼く 굽다　一日中 하루 종일　家 집　蛍光灯
형광등　音がする 소리가 나다

〜と

☑ Point 1 : 의미   −(하)면, −했더니.
☑ Point 2 : 쓰임   조건을 나타내는 형식 중 하나이다.

예문

① 春になると、花が咲く。

② 1に1を足すと、2になる。

③ 箱を開けると、プレゼントが入っていた。

① 봄이 오면 꽃이 핀다. (항상조건)
② 1에 1을 더하면 2가 된다. (항상조건)
③ 상자를 열었더니 선물이 들어 있었다. (과거사태 확정조건)

알아두기

일반적, 보편적, 논리적 사실이나 항상성이 강한 내용에 대한 조건은 항상조건이라
한다(〈もし〉를 붙일 수 없음). 'A(하)면 B하다'에서 A가 일어날 수도 있고 일어나지
않을 수도 있는 상황에 대한 조건은 가정조건이라 하며(〈もし〉를 붙일 수 있음), A가
과거사태(이미 일어난 상황) 또는 사태가 이미 결정되어 가까운 미래에 확실히 실현되
는 미래사태에 대한 조건은 확정조건이라 한다(〈もし〉를 붙일 수 없음). 〈−と〉는
항상조건과 과거사태 확정조건을 나타내는 형식으로 가정조건에는 사용되지 않는다.
뒤 절에 의지, 희망, 권유, 명령, 허가, 의뢰를 나타내는 표현은 사용하지 않는다.

春 봄   花 꽃   咲く 피다   足す 더하다   箱 상자   開ける 열다   入る 들어가다

---

1. 그 사람은 술을 마시면 항상 얼굴이 빨개진다. (항상조건)

   _____

2. 눈을 떴더니 아무도 없었다. (과거사태 확정조건)

   _____

☑ 1. 彼は酒を飲むと、いつも顔が赤くなる。
   2. 目を覚すと、誰もいなかった。

문제풀이 Question : 괄호 안에 들어갈 가장 적절한 것을 하나 고르시오.

1. 友達にメールを(   )、すぐに返事か来た。

   ① 送る   ② 送ると

   ③ 送れば   ④ 送るなら

2. 新しい家に(   )、住所を教えてください。

   ① 引っ越すと   ② 引っ越せば

   ③ 引っ越したら   ④ 引っ越す

☑ 1. ②   2. ③

彼 그 사람　酒 술　飲む 마시다　顔 얼굴　赤い 빨갛다　目を覚す 눈을 뜨다, 잠을 깨다
誰 누구　友達 친구　送る 보내다　返事 답장　来る 오다　新しい 새롭다　家 집
引っ越す 이사하다　住所 주소　教える 가르치다

─ば

☑ Point 1 : 의미　 ─(하)면.

☑ Point 2 : 쓰임　 조건을 나타내는 형식 중 하나이다.

예문

① 春になれば、花が咲く。

② 北海道に行けば、スキーができる。

③ 次の電車に乗れば、間に合う。

① 봄이 오면 꽃이 핀다. (항상조건)
② 홋카이도에 가면 스키를 탈 수 있다. (가정조건)
③ 다음 전차를 타면 늦지 않는다. (가정조건)

알아두기

〈─ば〉는 항상조건과 가정조건을 나타낸다. 〈─と〉와 마찬가지로 뒤 절에 의지, 희망, 권유, 명령, 허가, 의뢰를 나타내는 표현은 사용하지 않는다. 단 앞 절이 형용사나 〈いる・ある・要る・できる〉 등과 같은 상태동사에 의해 서술될 경우에는 〈暑ければ、窓を開けてもいいよ〉〈機会があれば、行ってみたい〉와 같이 뒤 절에 의지, 희망, 권유, 명령, 허가, 의뢰 표현을 쓸 수 있다. 속담이나 격언은 주로 〈─ば〉의 형태로 나타난다.

春 봄　花 꽃　咲く 피다　北海道 홋카이도　行く 가다　次 다음　電車 전차　乗る 타다
間に合う 시간에 맞추다, 늦지 않다　要る 필요하다　暑い 덥다　窓 창　開ける 열다
機会 기회

1. 나이를 먹으면 누구라도 자주 깜박한다. (항상조건)

_____

2. 싸면 사고 싶다. (가정조건)

_____

☑ 1. 年を取れば、誰でも忘れっぽくなる。
　 2. 安ければ、買いたい。

Question : 괄호 안에 들어갈 가장 적절한 것을 하나 고르시오.

1. 塵も(　　　　)、山となる。

　① 積もると　　　　　　　② 積もれば
　③ 積もったら　　　　　　④ 積もるなら

2. 新しい車を(　　　　)、電話してください。

　① 買えば　　　　　　　　② 買うと
　③ 買う　　　　　　　　　④ 買ったら

☑ 1. ②　2. ④

年を取る 나이를 먹다　誰 누구　忘れっぽい 잘 잊다, 깜박대다　安い 싸다　買う 사다
塵 먼지, 티끌　積もる 쌓이다　山 산　新しい 새롭다　車 자동차　電話 전화

ーたら

☑ Point 1 : 의미   ー(하)면, ー했더니, ー하고 나면(ー한 후).

☑ Point 2 : 쓰임   조건을 나타내는 형식 중 하나이다.

예문

① 100万円あったら、何を買いますか。

② ソウルに行ったら、何がしたいですか。

③ 食べてみたら、おいしかった。

① 100만 엔 있으면 무엇을 살래요? (가정조건)
② 서울에 가면 무엇이 하고 싶습니까? (가정조건)
③ 먹어보았더니 맛있었다. (과거사태 확정조건)

알아두기

〈ーたら〉는 가정조건과 확정조건(과거사태·미래사태)을 나타낸다. 뒤 절에 의지, 희망, 권유, 명령, 허가, 의뢰 표현을 자유롭게 쓸 수 있다. 앞 절의 사태가 이미 결정되어 있어 가까운 미래에 확실히 실현되는 미래사태 확정조건에는 〈ーたら〉를 사용한다. 가정조건 / 과거사태 확정조건 / 미래사태 확정조건은 각각 우리말 'ー(하)면 / ー했더니 / ー하고 나면(ー한 후)'에 대응한다.

100万円 100만 엔   何 무엇   買う 사다   行く 가다   食べる 먹다

1. 김 씨가 오고 나면 이 책을 전해주세요. 이제 곧 올 거예요.

   (미래사태 확정조건)

   _____

2. 그러면 오사카 역에 도착한 후 전화해. (미래사태 확정조건)

   _____

☑ 1. キムさんが来たら、この本を渡してください。もうすぐ来ますよ。
   2. それでは、大阪駅に着いたら電話してね。

문제풀이　Question : 괄호 안에 들어갈 가장 적절한 것을 하나 고르시오.

1. 窓を(　　　　)涼しい風が入ってきた。

   ① 開けたら　　　　　　　② 開ければ

   ③ 開けるなら　　　　　　④ 開ける

2. お昼ご飯を(　　　　)、部屋に来てください。

   ① 食べ終わると　　　　　② 食べ終われば

   ③ 食べ終わったら　　　　④ 食べ終わるなら

☑ 1. ①　2. ③

来る 오다　本 책　渡す 전하다　大阪 오사카　駅 역　着く 도착하다　電話 전화　窓 창문
開ける 열다　涼しい 시원하다　風 바람　入る 들어오다　お昼ご飯 점심 밥　食べ終わる
다 먹다　部屋 방　来る 오다

ーなら

☑ Point 1 : 의미　 －할(한) 경우라면, －할 (한) 것이라면.

☑ Point 2 : 쓰임　 조건을 나타내는 형식 중 하나이다.

예문

① 100万円あるなら、何を買いますか。

② PCを買うなら、電話してくれよ。

③ 急ぐなら、タクシーで行った方がいい。

---

① 100만 엔 있을 경우, 무엇을 사고 싶습니까? (가정조건)

② PC를 살 것이라면 전화해 줘. (가정조건)

③ 급한 경우라면 택시로 가는 편이 좋다. (가정조건)

알아두기

〈－なら〉는 가정조건만 나타낼 수 있다. 〈－なら〉는 '－하는(할) 경우라면, －하는 (할) 것이라면'과 같이 앞 절을 조금 더 한정하여 강조하는 뉘앙스가 있다. 뒤 절에 의지, 희망, 권유, 명령, 허가, 의뢰 표현이 올 수 있으며, 화자의 제안이나 조언이 담기는 경우가 많다. 한편, 시간의 흐름에 있어 〈－と / －ば / －たら〉는 앞 절이 선행하고 뒤 절이 후행하는 데 비해 〈－なら〉는 선후관계에 제한받지 않는다. 따라서 선후관계를 크게 문제시하지 않는, 예를 들면 〈北海道に行くなら、飛行機が一番安い〉와 같은 표현에는 〈－なら〉를 사용하는 것이 가장 자연스럽다.

100万円 100만 엔　何 무엇　買う 사다　電話 전화　急ぐ 서두르다　行く 가다　方 편
北海道 홋카이도　飛行機 비행기　一番 가장, 제일　安い 싸다

---

1. 당신이 갈 거라면 나도 간다. (가정조건)

2. 술 마시면 운전하지 말고, 운전할 거면 술 마시지 마라. (가정조건)

☑ 1. あなたが行くなら、私も行く。
   2. 飲んだら乗るな、乗るなら飲むな。

문제풀이   Question : 괄호 안에 들어갈 가장 적절한 것을 하나 고르시오.

1. カルグクスを(   )、安東カルグクスを食べてください。

   ① 食べれば   ② 食べるなら
   ③ 食べると   ④ 食べたら

2. 北海道に(   )、飛行機が一番安い。

   ① 行く   ② 行くと
   ③ 行くなら   ④ 行けば

☑ 1. ② 2. ③

行く 가다 私 나 飲む 마시다 乗る 타다 食べる 먹다 安東 안동 北海道 홋카이도
飛行機 비행기 一番 가장, 제일 安い 싸다

─まま

☑ Point 1 : 의미　　─인 채(상태)로, ─대로.

☑ Point 2 : 쓰임　　동일 상태를 나타내는 형식이다.

예문

① そのままにしておいてください。

② 寝たまま(で)飲むのは難しい。

③ 店員に勧められるまま(に)服を買ってしまった。

① 그 상태로 두세요. (상태 유지)
② 누운 채로 마시는 것은 어렵다. (상태 유지)
③ 점원이 권하는 대로 옷을 사 버렸다. (상태 재현)

알아두기

〈─まま〉는 명사 ＋ 〈の〉 또는 활용어의 연체형에 접속하여 동일 상태 유지 또는 상태 재현을 나타내는 용법으로 사용된다. 상태 유지는 〈─た ＋ まま(で) / ─ままにする〉 형식이 자주 사용되며, 이들은 '─인 채(상태)로'의 뜻을 지닌다. 상태 재현은 주로 〈─まま(に)〉 형식이 사용되며, (1)상대의 뜻을 따라 그가 시켜서 (2)자연 발생적 현상이나 상태를 따라 그것에 몸을 맡기어 상황을 재현하는 용법이다. '─하는 대로'의 뜻을 나타낸다. (1)은 〈─(ら)れるまま(に)〉와 같이 수동 현재형을 취하며, (2)는 〈流れる・足の向く・思う・思いつく・気の向く・欲しいまま(に)〉 등과 같은 활용어의 현재형과 어우러진다.

寝る 자다, 눕다　飲む 마시다　難しい 어렵다　店員 점원　勧める 권하다　服 옷　買う 사다　流れる 흘러가다　足の向く 발이 향하다(가다)　思う 원하다, 느끼다, 생각하다　思いつく 생각이 떠오르다　気の向く 마음이 향하다(가다)　欲しい 원하다, 바라다

1. 텔레비전을 켠 채로 자 버렸다. (상태 유지)

_____

2. 엔진을 켠 채로 두어서는 안 된다. (상태 유지)

_____

☑ 1. テレビをつけたまま(で)寝てしまった。
   2. エンジンをかけたままにしてはいけない。

문제풀이 Question : 괄호 안에 들어갈 가장 적절한 것을 하나 고르시오.

1. 先生に言われるまま(   )行動する。

   ① に   ② か
   ③ が   ④ と

2. 流れる(   )に生きてきた気がする。

   ① はず   ② まま
   ③ うえ   ④ とき

☑ 1. ①   2. ②

寝る 자다, 눕다   先生 선생님   言う 말하다   行動する 행동하다   流れる 흘러가다
生きる 살다   気がする 느낌이 들다

ーとおりに

☑ Point 1 : 의미　ー대로.

☑ Point 2 : 쓰임　동일 상태를 재현하는 형식이다.

예문

① 予想どおりになってしまった。

② レシピのとおりに作ります。

③ あなたの言うとおりにするよ。

① 예상대로 되어 버렸다.
② 레시피대로 만들겠습니다.
③ 당신이 말하는 대로 할게.

알아두기

〈ー通り(に)〉는 상태 재현을 나타내는 형식이다. 명사 + 〈通り(に)〉는 〈どおり(に)〉로 읽히며 그 외 활용어의 연체형, 명사 + 〈の〉에 〈通り(に)〉가 이어질 경우에는 〈とおり(に)〉로 읽힌다. 상태 재현이라는 점에서 〈ーまま(に)〉의 용법과 중복되는 면이 있지만, 〈ーまま(に)〉는 앞에서 언급한 상태 재현(1)(2)의 경우에 국한되는 경향이 있으므로 이 점은 주의한다. 상태 재현에는 〈ー通り(に)〉가 가장 폭넓게 사용된다.

予想 예상　作る 만들다　言う 말하다　通りに ー대로

1. 배운 대로 공부하겠다.

_____

2. 설명서대로 설정해 주세요.

_____

☑ 1. 教えてもらったとおりに勉強する。
　　 2. 説明書のとおりに設定してください。

문제풀이 Question : 괄호 안에 들어갈 가장 적절한 것을 하나 고르시오.

1. 本番になると、練習(　　　　)にはいかない。

　　① まま　　　　　　　　② はず
　　③ どおり　　　　　　　④ ところ

2. すべてが私の意図した(　　　　)になっている。

　　① とおり　　　　　　　② つもり
　　③ はず　　　　　　　　④ あいだ

☑ 1. ③　2. ①

教える 가르치다　勉強する 공부하다　説明書 설명서　設定 설정　本番 정식 경기, 정식
방송　練習 연습　私 나　意図 의도

とぼとぼ / つかつか

☑ Point 1 : 의미　터벅터벅 / 성큼성큼.

☑ Point 2 : 쓰임　사람이 걷는 모습을 나타내는 말이다.

예문

① 疲れてとぼとぼ歩く。

② とぼとぼと母について行った。

③ つかつかと歩み寄る。

① 피곤해서 터벅터벅 걷는다.
② 터벅터벅 엄마를 따라갔다.
③ 성큼성큼 다가선다.

알아두기

〈とぼとぼ / つかつか〉는 사람의 걸음을 나타내는 말이지만 힘찬 정도에 따라 상호대조적 의미를 지닌다. 〈とぼとぼ〉는 힘이 없이 '터벅터벅' 걷는 모양을 나타내며, 〈つかつか〉는 힘차게 거침없이 '성큼성큼' 앞으로 나아가는 모양을 나타낸다.

疲れる 피곤하다　歩く 걷다　母 어머니, 엄마　行く 가다　歩み寄る 다가서다, 다가가다

1. 힘없는 발걸음으로 터벅터벅 걸어간다.

_____

2. 선생님이 성큼성큼 복도를 걸어왔습니다.

_____

☑ 1. 力ない足どりでとぼとぼと歩いていく。
   2. 先生がつかつかと廊下を歩いてきました。

문제풀이   Question : 괄호 안에 들어갈 가장 적절한 것을 하나 고르시오.

1. 彼は(　　　　)と元気のない足どりで歩いてきた。

  ① つかつか　　　　　　　　② がぶがぶ
  ③ とぼとぼ　　　　　　　　④ ちびちび

2. 挨拶もせずに私の方に(　　　　)とやってきた。

  ① ぺこぺこ　　　　　　　　② つかつか
  ③ ぐうぐう　　　　　　　　④ しこしこ

☑ 1. ③　2. ②

力ない 힘이 없다　足どり 발걸음　歩く 걷다　先生 선생님　廊下 복도　彼 그 사람
元気のない 힘이 없다　挨拶 인사　私 나　方 쪽, 방향

어휘·문형	071	ーてから
level	N5	

☑ Point 1 : 의미　ー하고 나서, ー한 다음, ー한 지.

☑ Point 2 : 쓰임　동작이나 작용이 일어나는 시점을 나타내는 형식이다.

예문

① この牛乳は買ってから3週間経ちました。

② 雨が止んでから散歩に出かけましょう。

③ お金を入れてからボタンを押してください。

① 이 우유는 산 지 3주일 지났습니다.
② 비가 그치고 나서 산책하러 갑시다.
③ 돈을 넣고 나서 버튼을 눌러 주세요.

알아두기

동사 〈て形〉에 〈てから〉가 접속하여 앞 동작이 먼저 이루어지고 그 후에 다음 동작이 이어지는 것을 나타낸다.

牛乳 우유　買う 사다　3週間 3주일　経つ 지나다　雨 비　止む 그치다　散歩 산책
出かける 나가다　お金 돈　入れる 넣다　押す 누르다

1. 대학에 들어가고 나서 일본어를 공부했습니다.

2. 태어난 후 줄곧 여기에서 살고 있습니다.

☑ 1. 大学に入ってから日本語を勉強しました。
   2. 生まれてからずっとここに住んでいます。

문제풀이　Question : 괄호 안에 들어갈 가장 적절한 것을 하나 고르시오.

1. 結婚して(　　　)まる一年が経ちました。

   ① ので   ② から
   ③ ため   ④ はず

2. 図書館に(　　　)から帰るね。

   ① 寄る   ② 寄り
   ③ 寄ら   ④ 寄って

☑ 1. ②　2. ④

大^{だいがく}学 대학　入^{はい}る 들어가다　日^{にほんご}本語 일본어　勉^{べんきょう}強 공부　生^うまれる 태어나다　住^すむ 살다
結^{けっこん}婚 결혼　一^{いちねん}年 1년　経^たつ 지나다　図^{としょかん}書館 도서관　寄^よる 들르다　帰^{かえ}る 집에 가다

어휘·문형	072	
level	N3	**ーてはじめて**

☑ Point 1 : 의미 　ー하고서 비로소(처음으로), ー해야 비로소(처음으로).

☑ Point 2 : 쓰임 　지금까지 하지 않았던(못했던) 일에 대한 경험을 나타내거나, 뒤 절의 성립 요건을 나타내는 형식이다.

예문

① 生まれて初めて飛行機に乗った。

② 入院して初めて健康の大切さを実感した。

③ 基礎があって初めて応用ができる。

① 태어나서 처음으로 비행기를 탔다.
② 입원하고 처음으로 건강의 소중함을 실감했다.
③ 기초가 있어야 비로소 응용할 수 있다.

알아두기

동사 〈て形〉에 〈ーて初めて〉가 접속하여 지금까지 하지 않았던(못했던) 일에 대한 경험을 나타내거나, 뒤 절의 성립 요건을 나타낸다. 〈ーを始め〉형식과는 구별되므로 조심한다. 〈ーを始め〉는 'ー을 시작으로 하여(비롯하여)'의 뜻을 지닌다.

生まれる 태어나다　初めて 비로소, 처음으로　飛行機 비행기　乗る 타다　入院 입원
健康 건강　大切さ 소중함　実感 실감　基礎 기초　応用 응용　始める 시작하다

1. 대학생이 되고서 처음으로 연인이 생겼다.

2. 연극은 관객이 있어야 비로소 성립하는 예술이다.

☑ 1. 大学生になって初めて恋人ができた。
   2. 演劇は観客がいて初めて成り立つ芸術だ。

문제풀이   Question : 괄호 안에 들어갈 가장 적절한 것을 하나 고르시오.

1. バイトを(   )はじめてお金の大切さが分かった。

   ① する   ② しない
   ③ して   ④ しろ

2. 計画は行動が伴って(   )意味を持つ。

   ① はじめて   ② わざと
   ③ かえって   ④ なにげなく

☑ 1. ③   2. ①

大学生 대학생   初めて 비로소, 처음으로   恋人 연인   演劇 연극   観客 관객   成り立つ 성립하다   芸術 예술   お金 돈   大切さ 소중함   分かる 알다   計画 계획   行動 행동   伴う 동반되다, 동반하다   意味 의미   持つ 갖다, 지니다

ーていく / ーてくる

☑ Point 1 : 의미　 ―게 변화해 가다 / ―게 변화해 오다.

☑ Point 2 : 쓰임　 변화의 방향을 나타내는 형식이다.

예문

① 人口が増えていく。

② 暑くなってきた。

③ 彼が近づいてきた。

① 인구가 늘어간다.
② 더워졌다.
③ 그가 다가왔다.

알아두기

〈ーていく / ーてくる〉형식은 〈ケーキを買って行く（来る）〉와 같이 순차적 동작을 나타내기도 하지만, 시간의 경과를 동반한 상태 변화의 방향을 나타내기도 한다. 현재 상태에서 다른 상태로의 변화는 〈ーていく〉형식을, 다른 상태에서 현재 상태로의 변화는 〈ーてくる〉형식을 사용한다. 〈死んでいく・遠ざかっていく・見えてくる・聞こえてくる〉등과 같이 한쪽 방향 변화만 나타내는 동사들은 별도로 알아둔다.

人口 인구　増える 늘다　暑い 덥다　彼 그 사람　近づく 접근하다　買う 사다　行く 가다
来る 오다　死ぬ 죽다　遠ざかる 멀어지다　見える 보이다　聞こえる 들리다

---

1. 앞으로 점점 추워져 갈 것이다.

_____

2. 선생님 설명을 듣고 있는 사이에 점점 이해하게 되었다.

_____

☑ 1. これからだんだん寒くなっていくだろう。
　2. 先生の説明を聞いているうちに、だんだん分かってきた。

　Question : 괄호 안에 들어갈 가장 적절한 것을 하나 고르시오.

1. 心の距離が縮まらない。むしろどんどん遠ざかって(　　　)。

　① くる　　　　　　　　　② こない
　③ いく　　　　　　　　　④ いかない

2. 外から変な音が聞こえて(　　　)目が覚めてしまいました。

　① きて　　　　　　　　　② こなくて
　③ いって　　　　　　　　④ いかなくて

☑ 1. ③　2. ①

寒い 춥다　先生 선생님　説明 설명　聞く 듣다　分かる 이해하다　心 마음　距離 거리
縮まる 줄어들다　遠ざかる 멀어지다　外 밖　変だ 이상하다　音 소리　聞こえる 들리다
目が覚める 잠이 깨다

ーてみる / ーておく

☑ Point 1 : 의미　ー을 해 보다 / ー을 해 두다.

☑ Point 2 : 쓰임　의도적으로 어떤 동작을 해 보거나 해 놓는 것을 나타내는 형식이다.

예문

① アメリカに行ってみたい。

② 先生に聞いてみる。

③ ホテルを予約しておく。

① 미국에 가보고 싶다.
② 선생님에게 물어볼게.
③ 호텔을 예약해 둘게.

알아두기

〈ーてみる / ーておく〉는 의지 동사 〈て形〉에 접속하여 화자의 의지 행위를 나타낸다. 〈ーてみる〉는 어떤 행위를 실제로 시도하여 확인해 본다는 의미를 지니며, 〈ーておく〉는 특정 목적을 위해 필요한 행위를 사전에 해 둔다는 의미를 지닌다. 〈ーておく〉는 회화체에서 〈ーとく〉로 축약되기도 한다.

行く 가다　先生 선생님　聞く 묻다　予約 예약

1. 맛있어 보이네요. 먹어봐도 괜찮을까요?

_____

2. 방을 청소해 두어라.

_____

☑ 1. 美味しそうですね。食べてみてもいいですか。
　 2. 部屋を掃除しておきなさい。

문제풀이　Question : 괄호 안에 들어갈 가장 적절한 것을 하나 고르시오.

1. ちょっと不器用だけど、頑張ってケーキを作って(　　　)。

　① みた　　　　　　　　　② した
　③ のんだ　　　　　　　　④ よんだ

2. 使用後は元に戻して(　　　)ください。

　① して　　　　　　　　　② しないで
　③ おいて　　　　　　　　④ おかないで

☑ 1. ①　2. ③

美味しい 맛있다　食べる 먹다　部屋 방　掃除 청소　不器用だ 손재주가 없다　頑張る
열심히 하다　作る 만들다　使用後 사용 후　元 원래 자리　戻す 되돌리다

ーてもらう(ーていただく)

☑ Point 1 : 의미　　ー해 주다(ー해 주시다)

☑ Point 2 : 쓰임　　다른 사람에게 어떤 행위나 행위의 결과를 받는 것을 나타내는 형식이다.

예문

① 彼に日本語を教えてもらった。

② お母さんにお弁当を作ってもらった。

③ お父さんにお菓子を買っていただきました。

① 그 사람이 일본어를 가르쳐주었다.
② 어머니가 도시락을 만들어 주었다.
③ 아버지가 과자를 주셨습니다.

알아두기

다른 사람에게 어떠한 행위를 'ー해 받다'라는 의미를 지니지만 한국어에서 그러한 표현은 사용하지 않으므로, 보통 한국어의 'ー해 주다'와 대응시키면 좋다. ⟨いただく⟩는 ⟨もらう⟩의 경어이다. 행위 주체 뒤에 조사 ⟨に⟩가 오는 점에 주의해야 한다.

彼 그 사람　日本語 일본어　教える 가르치다　お母さん 어머니　お弁当 도시락　作る 만들다　お父さん 아버지　お菓子 과자　買う 사다

1. 조금 더 공부해 주었으면 좋겠다.

_____

2. 친절하게 대해 주셔서 감사합니다.

_____

☑ 1. もう少し勉強してもらいたい。
  2. 優しくしていただいてありがとうございます。

문제풀이　Question : 괄호 안에 들어갈 가장 적절한 것을 하나 고르시오.

1. ちょっと買い物に付合って(　　　)ませんか。

　① もらう　　　　　　　　② もらわ

　③ もらえ　　　　　　　　④ もらお

2. 金さん(　　　)読んでいただきます。

　① や　　　　　　　　　② を

　③ に　　　　　　　　　④ と

☑ 1. ③　2. ③

もう少し 조금 더　勉強 공부　優しい 친절하다　買い物 쇼핑　付き合う 행동을 같이 하다
金 김　読む 읽다

ーてほしい

☑ Point 1 : 의미　 ー해 주었으면 좋겠다. ー하길 바란다.

☑ Point 2 : 쓰임　 상대에 대한 바램, 희망, 기대, 요구를 나타내는 형식이다.

예문

① 彼女に料理を作ってほしい。

② 一人じゃできないので誰か手伝ってほしい。

③ この話は誰にも言わないでほしい。

① 여자 친구가 요리를 해 주었으면 좋겠다.
② 혼자서는 못하니까 누군가 도와주길 바란다.
③ 이 이야기는 누구에게도 말하지 않기를 원한다.

알아두기

다른 사람이 어떠한 행위를 해 주었으면 좋겠다는 의미를 나타내며 〈ーてもらいたい〉
형식과 쓰임이 유사하다. 한국어에는 없는 표현이지만 일본어에서 자주 사용되는 형식
이므로 익숙해져야 한다. 보통 한국어 'ー해 주었으면 좋겠다'에 대응시키면 좋다. 부정
형은 〈ーないでほしい〉 또는 〈ーてほしくない〉의 형식을 취한다. 동작 주체에 격조사
〈に〉가 오는 점에 주의한다.

彼女 여자 친구　料理 요리　作る 만들다　一人 혼자　誰か 누군가　手伝う 돕다　話
이야기　誰 누구　言う 말하다

---

1. 조금 더 싸지면 좋겠다.

_____

2. 내 의견을 존중해 주었으면 좋겠다.

_____

☑   1. もっと 安くなってほしい。
     2. 私の意見を尊重してほしい。

문제풀이   Question : 괄호 안에 들어갈 가장 적절한 것을 하나 고르시오.

1. 嘘をつかないで(   )。

   ① たい   ② ほしい
   ③ たがる   ④ ほしがる

2. 母(   )健康でいてほしい。

   ① の   ② には
   ③ ので   ④ を

☑   1. ②   2. ②

安い 싸다   私 나   意見 의견   尊重 존중   嘘をつく 거짓말을 하다   母 어머니   健康 건강

きびきび / のろのろ

☑ Point 1 : 의미　　빠릿빠릿 / 느릿느릿.

☑ Point 2 : 쓰임　　행동이 날래거나 굼뜬 모습을 나타내는 말이다.

예문

① きびきび動きなさい。

② 彼はきびきびとした動きで皆をリードしている。

③ バスがのろのろと進んでいる。

① 빠릿빠릿 움직여라.
② 그 사람은 빠릿빠릿한 동작으로 모두를 이끌고 있다.
③ 버스가 느릿느릿 가고 있다.

알아두기

〈きびきび〉는 동작이 시원시원하며 날랜 모습을 나타내며 〈のろのろ〉는 둔하며 굼뜬
모습을 나타낸다.

動く 움직이다　**彼** 그 사람　**動**き 동작　**皆** 모두　**進**む 나아가다

1. 빠릿빠릿하게 반응한다.

_____

2. 느릿느릿하게 일을 한다.

_____

☑ 1. きびきびと反応する。
2. のろのろと仕事をする。

문제풀이　Question : 괄호 안에 들어갈 가장 적절한 것을 하나 고르시오.

1. すばやく判断して(　　　)、かしこく行動する。

　① すやすや　　　　　　　② しくしく
　③ きびきび　　　　　　　④ にこにこ

2. (　　　)運転で、すみません。

　① こりこり　　　　　　　② のろのろ
　③ すくすく　　　　　　　④ ぬるぬる

☑ 1. ③　2. ②

反応 반응　仕事 일　判断 판단　行動 행동　運転 운전

☑ Point 1 : 의미   ー하기 시작하다.

☑ Point 2 : 쓰임   동작이나 상태의 개시를 나타내는 형식이다.

예문

① 猫を飼い始めた。

② 日本語を勉強しはじめた。

③ バスが動き始めた。

① 고양이를 키우기 시작했다.
② 일본어를 공부하기 시작했다.
③ 버스가 움직이기 시작했다.

알아두기

동사〈ます形〉에〈はじめる〉가 결합되면 그 동작이나 상태가 시작되는 의미가 된다. 유사 표현으로〈ーだす〉가 있다. 동사〈ます形〉에〈だす〉가 붙어〈降り出す・泣き出す・笑い出す〉등과 같이 사용된다. 그러나〈ーだす〉는 예기치 않은, 의도하지 않은 일이 갑자기 일어난 것을 강조한다.〈ーはじめる〉는 동작이나 상태의 개시에 초점을 두며,〈ーだす〉는 동작이나 상태의 돌발성에 초점을 둔다. 따라서〈ーだす〉는〈きゅうに・とつぜん・いきなり〉등의 부사와 함께 쓰이는 경우가 많다.

猫 고양이   飼い始める 키우기 시작하다   日本語 일본어   勉強 공부   動き始める 움직이기 시작하다   降り出す 갑자기 비가 내리기 시작하다   泣き出す 갑자기 울기 시작하다   笑い出す 갑자기 웃기 시작하다

---

1. 먹기 시작하면 멈춰지지 않는다.

_____

2. 벚꽃이 조금씩 지기 시작했다.

_____

☑ 1. 食べ始めたら止まらない。
　 2. 桜が少しずつ散り始めた。

문제풀이　Question : 괄호 안에 들어갈 가장 적절한 것을 하나 고르시오.

1. (　　　　)始めてからもう1年が経った。

① 付き合う　　　　　　　② 付き合わ
③ 付き合い　　　　　　　④ 付き合え

2. 全員立ち上がって拍手し(　　　　)。

① 始めた　　　　　　　　② 込んだ
③ 残した　　　　　　　　④ 越した

☑ 1. ③　2. ①

食べ始める 먹기 시작하다　止まる 멈추다　桜 벚꽃　少しずつ 조금씩　散り始める 지기 시작하다　付き合い始める 사귀기 시작하다　1年 년　経つ 지나다　全員 전원　立ち上がる 일어나다　拍手し始める 박수치기 시작하다　込む 안에 넣다　残す 남기다　越す 넘다

ーつづける

☑ Point 1 : 의미　계속 ー하다.

☑ Point 2 : 쓰임　동작이나 상태의 계속을 나타내는 형식이다.

예문

① 人口が増え続けている。

② 1時間以上、彼を待ち続けている。

③ スマホを見続けて目が疲れた。

① 인구가 계속 늘고 있다.

② 1시간 이상, 그 사람을 계속 기다리고 있다.

③ 스마트폰을 계속 봐서 눈이 피곤하다.

알아두기

동사 〈ます形〉에 〈つづける〉를 결합해 그 동작이나 상태가 계속되는 의미를 나타낸다. 유사 표현으로 〈ーつつある〉가 있다. 동사 〈ます形〉에 〈つつある〉가 붙어 〈死につつある・消えつつある・増えつつある〉등과 같이 사용된다. 그러나 〈ーつつある〉는 그 동작이나 상태의 계속성보다 변화 모습을 강조한다. 따라서 주로 변화를 나타내는 동사와 〈だんだん・ますます・じょじょに・すこしずつ〉등의 부사를 동반해서 변화 모습에 초점을 맞추어 강조하는 용법으로 많이 쓰인다.

人口 인구　増え続ける 계속 늘다　1時間 1시간　以上 이상　彼 그 사람　待ち続ける 계속 기다리다　見続ける 계속 보다　目 눈　疲れる 피곤하다　死につつある 점점 죽어가다　消えつつある 점점 사라지다　増えつつある 점점 늘다

---

1. 어제부터 비가 계속 내리고 있다.

_____

2. 할 수 있는 일을 계속하는 것이 중요하다.

_____

☑ 1. 昨日から雨が降り続けている。
   2. できることをやり続けることが大切だ。

문제풀이 Question : 괄호 안에 들어갈 가장 적절한 것을 하나 고르시오.

1. 20歳の時からたばこを(   )続けている。

   ① 吸わ   ② 吸う
   ③ 吸い   ④ 吸え

2. 長時間歌い(   )と声がかれてしまう。

   ① 残す   ② 続ける
   ③ 写す   ④ 始める

☑ 1. ③   2. ②

昨日 어제   雨 비   降り続ける 계속 비가 내리다   やり続ける 계속하다   大切だ 중요하다
20歳 20살   時 때   吸い続ける 계속 피우다   長時間 장시간   歌い続ける 계속 노래하다
声 목소리   残す 남기다   続ける 계속하다   写す 베끼다   始める 시작하다

☑ Point 1 : 의미　다 ー하다.

☑ Point 2 : 쓰임　동작이나 상태의 종료를 나타내는 형식이다.

예문

① ご飯を食べ終わった。

② レポートを書き終わった。

③ 本を読み終わった。

① 밥을 다 먹었다.
② 리포트를 다 썼다.
③ 책을 다 읽었다.

알아두기

동사〈ます形〉에〈おわる〉가 결합하면 그 동작이나 상태가 종료되는 의미가 된다. 유사
표현으로〈ーきる〉가 있다. 동사〈ます形〉에〈きる〉가 붙어〈食べきる·走りきる·言い
きる〉와 같이 사용된다. 동작이나 상태의 종료에 초점을 두는〈ーおわる〉와는 달리,〈ーき
る〉는 동작이나 상태 그 자체에 초점을 두어 강조한다.〈食べ終わる·走り終わる〉는 단순
히 '먹는, 달리는' 행위가 끝난 것을 의미하지만〈食べきる·走りきる〉는 목표치를 완전히
(끝까지) '먹는, 달리는' 것을 의미한다.〈言いきる〉는 힘주어 말함, 즉 '단언하다'의 의미를
지닌다.

ご飯 밥　食べ終わる 다 먹다(먹는 것을 마치다)　書き終わる 다 쓰다(쓰는 것을 마치다)
本 책　読み終わる 다 읽다(읽는 것을 마치다)　食べきる 끝까지 먹다　走りきる 끝까지
달리다　言いきる 단언하다　走り終わる 다 달리다(달리는 것을 마치다)

1. 다 먹을 때까지 기다리고 있겠습니다.

_____

2. 다 사용했으면 제자리에 돌려놓아 주세요.

_____

☑ 1. 食べ終わるまで待っています。
   2. 使い終わったら元の場所に戻してください。

문제풀이   Question : 괄호 안에 들어갈 가장 적절한 것을 하나 고르시오.

1. (   )終わった後に質問してください。

   ① 話す   ② 話し
   ③ 話さ   ④ 話せ

2. この荷物を全部運び(   )帰ってもいいです。

   ① 落ちたら   ② 終わったら
   ③ 待ったら   ④ 述べたら

☑ 1. ②   2. ②

食べ終わる 다 먹다　待つ 기다리다　使い終わる 다 사용하다　元 원래　場所 장소
戻す 돌려놓다　話し終わる 다 이야기하다　後 다음, 후　質問 질문　荷物 짐　全部 전부
運び終わる 다 나르다　帰る 집에 가다　落ちる 떨어지다　述べる 진술하다

ーこむ

☑ Point 1 : 의미   ー해 넣다, 시간(공)을 들여 ー하다, 철저히 ー하다.

☑ Point 2 : 쓰임   어떤 대상에 대해 공을 들여 무언가를 해 넣는 모습이나 그 결과의 상태를
나타내는 형식이다.

예문

① 海に飛び込む。

② ガムを飲み込んでしまった。

③ こちらにカードを差し込んでください。

① 바다에 뛰어 들어간다.
② 껌을 삼켜버렸다.
③ 이쪽에 카드를 꽂아 주세요.

알아두기

동사 〈ます形〉에 〈こむ〉가 결합하여 시간과 공을 들여 그 동작을 해 넣는다는 의미를
덧붙이는 형식이다. '철저히, 매우, 계속해서, 모두 다' 등의 의미를 담아 그 동작을
강조하기도 한다.

海 바다   飛び込む 뛰어 들어가다   飲み込む 삼키다   差し込む 꽂아 넣다

---

1. 3시간 이상 푹 삶는다.

_____

2. 여기에 계속 앉아 있으면 방해가 된다.

_____

☑   1. 3時間以上煮込む。
     2. ここに座り込んでいたら、邪魔になるよ。

문제풀이   Question : 괄호 안에 들어갈 가장 적절한 것을 하나 고르시오.

1. 会社のお金をギャンブルで(   )込んでしまった。

  ① 使わ   ② 使え
  ③ 使う   ④ 使い

2. 今夜から明日の朝にかけてすごく冷え(   )らしいよ。

  ① 組む   ② 逃す
  ③ 込む   ④ 揃う

☑   1. ④   2. ③

3時間 3시간   以上 이상   煮込む 푹 삶다   座り込む 계속 앉다   邪魔 방해   会社 회사
お金 돈   使い込む 사용해 버리다   今夜 오늘 밤   明日 내일   朝 아침   冷え込む 몹시
추워지다   組む 짜다   逃す 놓치다   揃う 갖추어지다

ーすぎる

☑ Point 1 : 의미　너무 -하다.

☑ Point 2 : 쓰임　동작이나 상태의 정도가 지나침을 나타내는 형식이다.

예문

① 笑い過ぎてお腹が痛い。

② このお菓子は甘すぎる。

③ 静かすぎるから、ちょっとこわい。

① 너무 웃어서 배가 아프다.
② 이 과자는 너무 달다.
③ 너무 조용해서 조금 무섭다.

알아두기

동작이나 상태의 정도가 지나친 것을 강조하는 형식으로 동사 〈ます形〉 + 〈すぎる〉,
형용사 어간 + 〈すぎる〉와 같은 접속 형태를 취한다.

笑う 웃다　過ぎる 지나치다　お腹 배　痛い 아프다　お菓子 과자　甘い 달다　静かだ
조용하다

---

1. 과음은 좋지 않습니다만 약간의 술은 약이 됩니다.

_____

2. 이 게임은 너무 재미있어서 멈출 수가 없다.

_____

☑ 1. 飲み過ぎはよくありませんが、少しのお酒は薬になります。
  2. このゲームは面白すぎてやめられない。

문제풀이　Question : 괄호 안에 들어갈 가장 적절한 것을 하나 고르시오.

1. カラオケで(　　　　)すぎて声がかすれた。

① 歌い　　　　　　　　② 歌え

③ 歌わ　　　　　　　　④ 歌お

2. 今日は(　　　　)すぎて何もできない。

① さむい　　　　　　　② さむ

③ さむく　　　　　　　④ さむけれ

☑ 1. ①　2. ②

飲み過ぎ 과음　少し 조금　お酒 술　薬 약　面白い 재미있다　歌う 노래하다　声
목소리　今日 오늘　何も 아무것도

ーあう

☑ Point 1 : 의미 　서로 ─하다.

☑ Point 2 : 쓰임 　다른 동사와 결합하여 그 동작을 '서로, 같이, 함께' 하는 것을 나타내는
　　　　　　　　　형식이다.

예문

① 成果を誉め合いました。

② 旅行のプランについて話し合おう。

③ 互いに理解し合うことが大切だ。

① 성과를 서로 칭찬했습니다.
② 여행 계획에 대해 함께 이야기하자.
③ 서로 이해하는 것이 중요하다.

알아두기

〈合う〉는 '일치하다, 맞다, 합류하다'의 의미를 지니지만, 동사 〈ます形〉 + 〈合う〉
형식을 취할 때는 그 동사의 동작을 '서로, 같이, 함께 하는' 의미를 나타낸다.

成果 성과　誉め合う 서로 칭찬하다　旅行 여행　話し合う 서로 이야기하다　互いに 서로
理解し合う 서로 이해하다　大切だ 중요하다, 소중하다　合う 일치하다, 맞다

---

1. 서로 손을 잡고 길을 걷는다.

_____

2. 동료와 서로 도와가며 극복했습니다.

_____

☑ 1. 手を取り合って道を歩く。
　　2. 仲間と助け合いながら乗り越えました。

문제풀이　Question : 괄호 안에 들어갈 가장 적절한 것을 하나 고르시오.

1. 励まし(　　　　)頑張ってください。

① 終わって　　　　　　　　② 合って
③ 回って　　　　　　　　　④ 過ぎて

2. 3年(　　　　)合った彼女と結婚して幸せになりました。

① 付く　　　　　　　　　　② 付か
③ 付き　　　　　　　　　　④ 付け

☑ 1. ②　2. ③

手 손　取り合う 서로 잡다　道 길　歩く 걷다　仲間 동료　助け合う 서로 돕다
乗り越える 극복하다　励まし合う 서로 격려하다　頑張る 열심히 하다　－終わる －가
끝나다　－合う 서로 －하다　－回る －하며 돌다　－過ぎる 너무 －하다　3年 3년
付き合う 사귀다　彼女 여자 친구　結婚 결혼　幸せだ 행복하다

かならず / きっと / ぜひ

☑ Point 1 : 의미　꼭, 반드시.

☑ Point 2 : 쓰임　화자의 강한 의지, 주장, 추측, 의뢰, 희망, 명령 등을 나타내는 말이다.

예문

① 約束は必ず守る。

② 彼はきっと来ますよ。

③ ぜひ遊びに来てください。

① 약속은 반드시 지킨다.
② 그 사람은 꼭 와요.
③ 꼭 놀러 와 주세요.

알아두기

모두 화자의 강한 의지·주장·추측·의뢰·희망·명령 등을 나타내는 말이지만, 확신·요구·희망의 강도나 정도에 따라 뉘앙스 차이가 있다. 〈かならず〉는 필연성, 강제성, 의무감이 느껴지지만, 〈きっと〉에는 그러한 느낌이 희석된다. 한편 〈ぜひ〉는 원하는 바가 꼭 이루어지길 부탁하거나 기원하는 느낌이 강하다. 용법에 있어 〈きっと〉는 의지·주장·추측·의뢰를 나타내는 경우가 많으며, 〈ぜひ〉는 의뢰·희망을 나타내는 경우가 많다. 그 외 표현에는 부자연스러울 수 있으므로 사용에 조심한다. 〈かならず〉는 특별한 제한 없이 가장 폭넓게 사용할 수 있다. 〈ぜひ〉 + 추측표현은 비문이 되며, 자연현상 등 불변의 진리를 나타내는 경우에는 〈かならず〉만 사용한다.

約束 약속　必ず 꼭, 반드시　守る 지키다　彼 그 사람　来る 오다　遊ぶ 놀다

1. 내일은 꼭 맑을 것입니다.

_____

2. 이번 여행에 꼭 참여하고 싶다.

_____

☑ 1. 明日は、きっと晴れるでしょう。
2. 今度の旅行にぜひ参加したい。

문제풀이　Question : 괄호 안에 들어갈 가장 적절한 것을 하나 고르시오.

1. 彼は(　　　)来るだろう。

① ぜひ　　　　　　　　② まだ
③ きっと　　　　　　　④ ちっとも

2. 太陽は(　　　)東から出て西に沈む。

① きっと　　　　　　　② どうぞ
③ ぜひ　　　　　　　　④ かならず

☑ 1. ③　2. ④

明日 내일　晴れる 맑다　今度 이번　旅行 여행　参加 참가　彼 그 사람　来る 오다
太陽 태양　東 동(쪽)　出る 나오다　西 서(쪽)　沈む 저물다

ーそうだ

☑ Point 1 : 의미　ー해 보인다, ー일 것 같다.

☑ Point 2 : 쓰임　양태(사물의 모양이나 상태) 또는 추량(추측)을 나타내는 형식이다.

예문

① ここのケーキ、おいしそうだ。

② あの人は元気そうだ。

③ 雨が降りそうだ。

① 이 집 케이크 맛있어 보인다.
② 저 사람은 건강해 보인다.
③ 비가 내릴 것 같다.

알아두기

〈ーそうだ〉는 시각정보를 토대로 양태를 묘사하기도 하며, 가까운 미래를 추측하기도
한다. 근 미래 추측에는 주로 시각정보가 근거가 되지만, 화자의 경험이나 주변 환경에
기반을 둔 느낌이 동원되기도 한다. 형용사 어간에 결합하여 양태('ー해 보인다')를,
동사〈ます形〉에 결합하여 근 미래 추측('ー일 것 같다')을 나타낸다.〈ない・よい〉가
앞에 위치할 때는〈ーなさそう・ーよさそう〉와 같이 변하므로 조심한다.〈ある・い
る〉와 같은 상태동사는〈お金ありそうだ(돈 있어 보인다)〉〈疲れていそうだ(피곤해
보인다)〉와 같이 양태를 나타내기도 한다.

人 사람　元気だ 건강하다　雨 비　降る 오다　お金 돈　疲れる 피곤하다

---

1. 저 나무 지금이라도 쓰러질 것 같다.

2. 1시부터 수학인가, 잘 것 같다.

☑ 1. あの木は今にも倒れそうだ。
   2. 1時から数学か、寝そうだ。

문제풀이 Question : 괄호 안에 들어갈 가장 적절한 것을 하나 고르시오.

1. 今日は何だか、いいことあり(   )。

   ① ようだ   ② みたいだ
   ③ らしい   ④ そうだ

2. あの猫、気持ち(   )そうに寝ている。

   ① い   ② よさ
   ③ よ   ④ いい

☑ 1. ④   2. ②

木 나무   今 지금   倒れる 쓰러지다   1時 1시   数学 수학   寝る 자다   今日 오늘
何だか 왠지   猫 고양이   気持ち 기분

179

ーようだ

☑ Point 1 : 의미 　 -인 것 같다.

☑ Point 2 : 쓰임 　 추량(추측)을 나타내는 형식이다.

예문

① ここのケーキ、おいしいようだ。

② 雨が降っているようだ。

③ 風邪を引いたようだ。

---

① 이 집 케이크 맛있는 거 같다.
② 비가 내리고 있는 거 같다.
③ 감기 걸린 것 같다.

알아두기

추측 형식 〈-ようだ〉는 보통 한국어 '-인 것 같다'에 대응한다. 〈-ようだ〉의 회화체로 〈-みたいだ〉가 사용된다. 〈-そうだ〉를 화자의 직접정보에 바탕을 둔 추측이라 한다면, 〈-ようだ〉는 직접정보 또는 직접정보에 간접정보(각종 미디어, 타인의 전언 등에 의한 정보)가 더해진 추측이라 할 수 있다. 직접정보의 폭 또한 〈-ようだ〉 쪽이 훨씬 넓다. 〈-そうだ〉가 주로 시각정보에 집중되는 반면 〈-ようだ〉는 인간의 오감에 의한 정보를 모두 아우른다. 또 근 미래 사태 추측에 제한되는 〈-そうだ〉에 비해 〈-ようだ〉는 그러한 제한에서 벗어난다.

雨 비　降る 내리다　風邪を引く 감기 걸리다

1. 저녁밥은 김치찌개인 거 같네. (정보: 냄새, 내용물 등)

_____

2. 유명한 사람이 온 거 같네. (정보: 인파, 함성, 플래카드 등)

_____

☑   1. 晩ごはんはキムチ鍋のようだね。
    2. 有名人が来たようだね。

문제풀이   Question : 괄호 안에 들어갈 가장 적절한 것을 하나 고르시오.

1. 誰かが来た(   )気がする。

   ① そうな   ② らしい
   ③ ような   ④ みたいだ

2. 元気がない(   )ですが、大丈夫ですか。

   ① よう   ② ようだ
   ③ そう   ④ そうだ

☑   1. ③   2. ①

晩ごはん 저녁밥   キムチ鍋 김치찌개   有名人 유명인   来る 오다   誰か 누군가
気がする 느낌이 들다   元気 기력, 힘   大丈夫だ 괜찮다

☑ Point 1 : 의미　―인 것 같다, ―라고 한다.

☑ Point 2 : 쓰임　추량(추측)을 나타내는 형식이다.

예문

① ここのケーキ、おいしいらしい。

② 彼は最近、彼女ができたらしい。

③ 仕事大変らしいね。大丈夫か。

① 이 집 케이크 맛있는 거 같다(맛있다고 한다).

② 그 사람 최근 여자 친구가 생긴 거 같다(생겼다고 한다).

③ 일 힘든 거 같네(힘들다고 하던데). 괜찮니?

알아두기

추측 형식 ⟨―らしい⟩는 한국어 '―인 것 같다'에 대응한다. ⟨―らしい⟩는 직접정보의
활용도가 극히 미미하며 대부분의 경우 각종 미디어, 타인의 전언 등에 의한 간접정보
에 의존한다. 이 점이 직접정보와 간접정보를 아우르는 ⟨―ようだ⟩와 구별되는 차이이
다. 간접정보에 의존하는 면이 크므로 ⟨―らしい⟩에 의한 추측은 객관성이 높다. 듣기
에 따라, 화자의 추측이나 판단에 대한 책임 회피 뉘앙스가 감지되기도 한다. 따라서
한국어 '―라고 한다'로 번역되기도 한다.

彼 그 사람　最近 최근　彼女 여자 친구　仕事 일　大変だ 힘들다　大丈夫だ 괜찮다

1. 그 여자 이제 곧 결혼하는 거 같아(결혼한다고 해).

___

2. 일기예보에 의하면 오늘 밤 비가 내리는 거 같아(내린다고 해).

___

☑ 1. 彼女、もうすぐ結婚するらしい。
2. 天気予報によると、今夜雨が降るらしい。

문제풀이 Question : 괄호 안에 들어갈 가장 적절한 것을 하나 고르시오.

1. 日本のコンビニはとても便利(　　　)。

① ようだ ② ならしい
③ らしい ④ なみたいだ

2. 明日パーティーがある(　　　)けど、行く?

① らしいだ ② らしい
③ らしく ④ らしけれ

☑ 1. ③ 2. ②

彼女 그 여자 　結婚 결혼 　天気予報 일기예보 　今夜 오늘 밤 　雨 비 　降る 내리다
日本 일본 　便利 편리 　明日 내일 　行く 가다

ーから / ーので

☑ Point 1 : 의미　ー어서, ー기 때문에, ー이므로, ー니까.

☑ Point 2 : 쓰임　원인, 이유를 나타내는 형식이다.

예문

① 疲れたから早く帰りたい。

② 時間がないから、急げ。

③ 場内は禁煙ですので、ご協力お願い致します。

① 피곤해서 빨리 집에 가고 싶다.
② 시간이 없으니 서둘러라.
③ 장내는 금연이므로 협력 부탁드립니다.

알아두기

〈から〉는 자기의 주관적 기분이나 감정을 담아 이유를 강조할 때 쓰는 구어체 표현이다. 〈ので〉는 주관적 기분이나 감정뿐만 아니라 객관적 근거에 기초한 인과관계도 나타낸다. 〈ので〉는 구어체 문어체에 모두 사용되며 정중도가 〈から〉보다 높다. 이러한 이유로 공손함을 유지해야 하는 자리, 객관적 사태 설명 등의 경우에는 〈から〉는 피하며 〈ので〉를 사용한다. 또 문 말에 명령, 금지 등 강한 의지 표현이 올 경우에는 〈から〉만 사용할 수 있다. 〈ので〉가 명사에 연결될 때의 접속 형태(〈ーなので〉)에는 주의하도록 한다.

疲れる 피곤하다　早く 빨리　帰る 집에 가다　時間 시간　急ぐ 서두르다　場内 장내
禁煙 금연　協力 협력　お願い致す 부탁드리다

1. 위험하니까 만지지 마라.

_____

2. 시간이 되었으니, 시험을 시작하겠습니다.

_____

☑ 1. 危険だから触るな。
　　2. 時間になったので、試験を始めます。

문제풀이　　Question : 괄호 안에 들어갈 가장 적절한 것을 하나 고르시오.

1. 重要なルール(　　　　　)ので、覚えておいてほしい。

　　① だ　　　　　　　　　　② も
　　③ な　　　　　　　　　　④ と

2. 強く回すと破損の恐れがあります(　　　　)、ご注意ください。

　　① のに　　　　　　　　　② まで
　　③ ので　　　　　　　　　④ でも

☑ 1. ③　　2. ③

危険 위험　　触る 만지다　　時間 시간　　試験 시험　　始める 시작하다　　重要だ 중요하다
覚える 외우다　　強く 세게　　回す 돌리다　　破損 파손　　恐れがある 염려가 있다　　注意 주의

어휘·문형	**089**	
level	**N3**	**ーため(に)**

☑ Point 1 : 의미   ー어서, ー기 때문에, ー이므로, ー니까.
☑ Point 2 : 쓰임   원인, 이유를 나타내는 형식이다.

① 事故があったために、遅刻しました。

② 強風のため、飛行機が欠航になりました。

③ アイテム数が多いため、すべて表示できません。

① 사고가 있었기 때문에 지각했습니다.
② 강풍 때문에 비행기가 결항되었습니다.
③ 아이템 수가 많기 때문에 모두 표시할 수 없습니다.

인과관계에 대한 설명이 〈から〉가 주관적이고, 〈ので〉가 주관적 또는 객관적이라고 한다면 〈ため(に)〉는 한층 더 객관성이 강조된다. 따라서 원인 묘사는 대부분 객관적 사실 근거에 의존한다. 사용 장면 또한 문어체 말투에 집중되며 공식적, 사무적, 문어적 어감을 강하게 풍긴다. 명사 + 〈の〉 또는 활용어의 연체형에 접속한다. 동일 접속 형태로 원인, 이유를 나타내기도 하고 목적을 나타내기도 하므로 문맥에 주의한다. 목적을 나타낼 때는 활용어의 시제가 현재형으로 제한되지만 원인, 이유를 나타낼 때는 시제에 구속되지 않는다.

事故 사고   遅刻 지각   強風 강풍   飛行機 비행기   欠航 결항   アイテム数 아이템 수
多い 많다   表示 표시

---

1. 태풍이 접근하고 있기 때문에 공연은 중지되었습니다.

_____

2. 공부가 부족했기 때문에 불합격했습니다.

_____

☑ 1. 台風が接近しているため、公演は中止となりました。
2. 勉強不足だったため、不合格でした。

문제풀이　　Question : 괄호 안에 들어갈 가장 적절한 것을 하나 고르시오.

1. 確認手続が必要な(　　　　)、お客さまセンターへご連絡ください。

　①だが　　　　　　　　　②ため
　③から　　　　　　　　　④のだ

2. 大雪(　　　)ため、休業させていただきます。

　①は　　　　　　　　　②と
　③の　　　　　　　　　④に

☑ 1. ②　2. ③

台風 태풍　接近 접근　公演 공연　中止 중지　勉強不足 공부 부족　不合格 불합격
確認 확인　手続 절차　必要だ 필요하다　お客 손님　連絡 연락　大雪 대설　休業
휴업

－おかげで / －せいで

☑ Point 1 : 의미　－덕분에 / －탓에, －때문에.

☑ Point 2 : 쓰임　원인, 이유를 나타내는 형식이다.

예문

① お陰さまで助かりました。

② 指導してくださったお陰で、無事卒業できました。

③ 自分のせいで、負けてしまった。

① 덕분에 도움이 되었습니다.
② 지도해 주신 덕분에 무사히 졸업할 수 있었습니다.
③ 나 때문에 져버렸다.

알아두기

원인, 이유를 나타내는 형식에는 〈から / ので / ため(に)〉 외에 〈おかげで / せいで〉
가 있다. 〈おかげで / せいで〉는 원인에 대한 화자의 감정이 강하게 드러나는 형식이
다. 〈おかげで〉는 좋은 결과에 대한 감사의 마음을 담은 표현이며, 〈せいで〉는 좋지
않은 결과에 대한 원망이나 비난의 감정을 담은 표현이다. 각각 한국어 '－덕분에'와
'－탓에, －때문에'에 대응한다. 명사 + 〈の〉 또는 활용어의 연체형에 접속한다.

お陰(さま)で 덕분에　助かる 도움이 되다, 살아나다　指導 지도　無事だ 무사하다　卒業
졸업　自分 나, 자신　負ける 지다

1. 일본어를 잘한 덕분에 취직할 수 있었다.

_____

2. 커피를 마신 탓에 밤에 잠을 못 잤다.

_____

☑ 1. 日本語が上手なお陰で、就職することができた。
2. コーヒーを飲んだせいで、夜眠れなかった。

Question : 괄호 안에 들어갈 가장 적절한 것을 하나 고르시오.

1. 手伝ってくれたお陰(　　　)、仕事が早く終わりました。

① の　　　　　　　　　　　② と
③ が　　　　　　　　　　　④ で

2. 君(　　　)せいで、試験に集中できなかった。

① で　　　　　　　　　　　② が
③ の　　　　　　　　　　　④ も

☑ 1. ④　2. ③

日本語(にほんご) 일본어　上手(じょうず)だ 잘 하다　お陰(かげ)で 덕분에　就職(しゅうしょく) 취직　飲(の)む 마시다　夜(よる) 저녁
眠(ねむ)れる 잘 수 있다　手伝(てつだ)う 돕다　仕事(しごと) 일　早(はや)く 빨리　終(お)わる 끝나다　君(きみ) 너　試験(しけん) 시험
集中(しゅうちゅう) 집중

ひりひり / ぴりぴり

☑ Point 1 : 의미 얼얼, 따끔따끔.

☑ Point 2 : 쓰임 아픈 상태를 나타내는 말이다.

예문

① 顔がヒリヒリする。

② 傷口がピリピリ痛む。

③ 舌がヒリヒリ、ピリピリする。

① 얼굴이 따끔따끔하다.
② 상처가 따끔따끔 아프다.
③ 혀가 얼얼하고 따끔따끔하다.

알아두기

둘 다 매운 것을 먹었을 때 입이 얼얼하게 아리거나, 피부 등이 바늘로 찌르듯이 따끔따끔 아픈 상태를 나타내는 말로, 큰 차이 없이 서로 비슷한 뜻으로 사용한다. 〈ぴりぴり〉는 신경이 예민한 모습을 나타내기도 한다. 〈彼はいつもぴりぴりしている〉라 하면 '그 사람은 항상 신경이 날카롭다'를 의미한다.

顔 얼굴 傷口 상처 痛む 아프다 舌 혀 彼 그 사람

1. 목에 따끔따끔한 통증이 있다.

_____

2. 햇볕에 타서 등이 따끔따끔하다.

_____

☑ 1. 喉にひりひりとした痛みがある。
    2. 日に焼けて背中がぴりぴりする。

Question : 괄호 안에 들어갈 가장 적절한 것을 하나 고르시오.

1. 頭皮がとても(   )して、びっくりしました。

   ① のろのろ   ② ひりひり
   ③ ずるずる   ④ きびきび

2. オーディション会場の待合室では皆(   )していた。

   ① すくすく   ② ますます
   ③ ぴりぴり   ④ もちもち

☑ 1. ②   2. ③

_____

喉 목 痛み 통증 日に焼ける 햇볕에 타다 背中 등 頭皮 두피 会場 회장 待合室 대기실 皆 모두

어휘·문형	092	
level	N4	**まで / までに**

☑ Point 1 : 의미　까지.

☑ Point 2 : 쓰임　동작이나 상태가 미치는 범위의 한도, 도달점을 나타내는 말이다.

예문

① 6時まで待っていたよ。

② 昼休みは12時から1時までです。

③ 金曜日までにレポートを提出してください。

① 6시까지 기다렸어. (계속)
② 점심시간은 12시부터 1시까지입니다. (계속)
③ 금요일까지 리포트를 제출해 주세요. (변화)

알아두기

〈まで〉는 정해진 기한까지 동작이나 상태가 쭉 계속해서 이어지는 것을 나타내며 〈までに〉는 그 기한 안에 동작이나 상태가 변화되는 것을 나타낸다. 〈までに〉는 최종적인 기한 즉 데드라인(deadline)의 기능을 갖는다. 따라서 〈までに〉를 사용하면 그 기한 내에 어느 시점에서든 동작이나 상태가 완료될 수 있음을 의미한다.

6時 6시　待つ 기다리다　昼休み 점심시간　12時 12시　1時 1시　金曜日 금요일
提出 제출

192 중급일본어 어휘·문형 해설

1. 영업시간은 저녁 12시까지입니다. (계속)

_____

2. 내일까지 동경에 가야 한다. (변화)

_____

☑ 1. 営業時間は夜12時までです。
　 2. 明日までに東京に行かなければならない。

문제풀이　Question : 괄호 안에 들어갈 가장 적절한 것을 하나 고르시오.

1. 今朝は10時(　　　)寝てしまいました。

　① まで　　　　　　　　　② しか
　③ までに　　　　　　　　④ すら

2. 今忙しいので夜9時(　　　)電話します。

　① までに　　　　　　　　② すら
　③ まで　　　　　　　　　④ しか

☑ 1. ①　2. ①

営業時間 영업시간　夜 저녁　12時 12시　明日 내일　東京 도쿄　行く 가다　今朝 오늘 아침　10時 10시　寝る 자다　今 지금　忙しい 바쁘다　夜 저녁　9時 9시　電話 전화

193

あいだ / あいだに

☑ Point 1 : 의미　동안, 사이, 때 / 동안에, 사이에, 때에.

☑ Point 2 : 쓰임　동작이나 상태가 미치는 범위나 기간을 나타내는 말이다.

예문

① 東京と横浜のあいだを走る。

② 夏休みのあいだ、アルバイトをした。

③ 夏休みのあいだに、アルバイトをした。

---

① 동경과 요코하마 사이를 달린다. (계속)
② 여름방학 동안 아르바이트를 했다. (계속)
③ 여름방학 동안에 아르바이트를 했다. (변화)

알아두기

〈あいだ〉는 정해진 범위나 기간까지 동작이나 상태가 쭉 계속해서 이어지는 것을 나타내며 〈あいだに〉는 그 범위나 기간 안에 동작이나 상태가 변화되는 것을 나타낸다. 따라서 〈あいだに〉를 사용하면 그 범위나 기간 내에 어느 시점에서든 동작이나 상태가 완료될 수 있음을 의미한다.

東京 도쿄　横浜 요코하마　走る 달리다　夏休み 여름방학

1. 연휴 동안 뭐했니? (계속)

_____

2. 텔레비전 보는 사이에 잠들어 버렸다. (변화)

_____

☑ 1. 連休のあいだ、何していたの?
  2. テレビを見ているあいだに、寝てしまった。

문제풀이   Question : 괄호 안에 들어갈 가장 적절한 것을 하나 고르시오.

1. 酔って寝ている(   )、終電が終わってしまった。

① あいだ   ② まで
③ あいだに   ④ までに

2. 長い(   )、お疲れ様でした。

① あいだ   ② なか
③ あいだに   ④ なかに

☑ 1. ③ 2. ①

連休 연휴 何 무엇 見る 보다 寝る 자다 酔う 취하다 終電 마지막 전차 終わる 끝나다 長い 길다 お疲れ様 수고, 고생

あいだに / うちに

☑ Point 1 : 의미　　동안에, 사이에, 때에, 전에.

☑ Point 2 : 쓰임　　동작이나 상태가 미치는 범위나 기간을 나타내는 말이다.

예문

① 眠っているあいだに、友達から電話が来た。

② 夏休みのうちに、日本へ行きたい。

③ 忘れないうちに、メモしておこう。

① 자고 있는 동안에 친구한테 전화가 왔다.

② 여름방학 동안에 일본에 가고 싶다.

③ 잊어버리기 전에 메모해 두자.

알아두기

〈間に / 内に〉는 둘 다 '일정 범위나 기간 내의 상태나 동작의 변화' 묘사에 사용되는 말이다. 〈間に〉는 기간을 강조하며 〈内に〉는 변화를 강조한다는 뉘앙스의 차이가 있을 뿐, 대부분의 경우 호환 사용이 가능하다. 문 말에 '−해야 한다, −하는 것이 좋다, −하고 싶다' 등의 의지 표현이 올 경우에는 〈内に〉를 사용하는 경향이 있는데, 이는 〈内に〉의 변화 강조 본연의 기능과 맞물리는 것이다. 〈−ない ＋ 間に〉는 사용하지 않으며 보통 〈−ない ＋ 内に〉를 쓴다. 또 〈1時と2時の間に〉와 같이 기간의 시작과 끝이 명확할 경우에는 〈間に〉를 쓴다. 그 외 〈その内に・近い内に〉 등의 관용적 용법은 별도로 알아두자.

眠る 자다　友達 친구　電話 전화　来る 오다　夏休み 여름방학　日本 일본　行く 가다
忘れる 잊다　間に 동안에　内に 동안에　1時 1시　2時 2시　その内に 조만간
近いうちに 조만간

1. 샤워를 하고 있을 때에 지진이 일어났다.

_____

2. 밝을 때에 집에 가는 게 좋아.

_____

☑ 1. シャワーを浴びているあいだに、地震が起こった。
　 2. 明るいうちに、帰った方がいいよ。

문제풀이 Question : 괄호 안에 들어갈 가장 적절한 것을 하나 고르시오.

1. 6時から7時の(　　　)夕食を作る。

① あいだに　　　　　　　　② そとに
③ うちに　　　　　　　　　④ となりに

2. 雨が降らない(　　　)買い物に行った方がいい。

① あいだに　　　　　　　　② まえに
③ うちに　　　　　　　　　④ さきに

☑ 1. ①　2. ③

シャワーを浴びる 샤워를 하다　地震が起こる 지진이 일어나다　明るい 밝다　帰る 집에
가다　方 쪽, 편　6時 6시　7時 7시　夕食を作る 저녁밥을 짓다　雨が降る 비가 내리다
買い物 쇼핑　行く 가다

ちゅう / じゅう

☑ Point 1 : 의미　 −중, −사이 / −중 계속, −중 전체.

☑ Point 2 : 쓰임　 행위 도중을 나타내거나, 범위 내 한 시점 또는 전체를 나타내는 말이다.

예문

① ただいま話し中です。

② 午前中に電話します。

③ 一日中暑かった。

① 지금 이야기 중입니다.
② 오전 중에 전화하겠습니다.
③ 하루 종일 더웠다.

알아두기

〈−中〉는 〈ちゅう〉 또는 〈じゅう〉로 읽힌다. 행위의 도중을 나타내거나 시간적 공간적
범위 내 한 시점·지점을 나타낼 경우에는 〈ちゅう〉로 읽으며, 시간적 공간적 범위
전체를 나타낼 경우에는 〈じゅう〉로 읽는다. 단 시간적 범위 내 한 시점을 나타낼
때 〈今年中·今日中·明日中〉 등 일부가 〈じゅう〉로 읽히는 점은 주의한다.

話し中 이야기 중　午前中 오전 중　電話 전화　一日中 하루 종일　暑い 덥다　今年中
올해 중　今日中 오늘 중　明日中 내일 중

---

1. 이번 주 중으로 돌려드리겠습니다.

_____

2. 일본 전체가 일본 대표의 활약을 기대하고 있다.

_____

☑ 1. 今週中にお返しします。
    2. 日本中が日本代表の活躍を期待している。

문제풀이   Question : 괄호 안에 들어갈 가장 적절한 것을 하나 고르시오.

1. お仕事(   )、すみません。

    ① ちゅう   ② なか
    ③ じゅう   ④ そと

2. 今年(   )には引っ越したい。

    ① ちゅう   ② じゅう
    ③ そと   ④ なか

☑ 1. ①   2. ②

今週中 이번 주 중   返す 돌려주다   日本中 일본 전체   日本代表 일본 대표   活躍 활약
期待 기대   お仕事中 업무 중   今年中 올해 중   引っ越す 이사하다

어휘·문형	096	ころ / ごろ
level	N4	

☑ Point 1 : 의미　때, 경, 무렵, 쯤, 알맞은 정도(때).

☑ Point 2 : 쓰임　막연한 또는 특정한 때를 나타내는 말이다.

① もう寝るころだ。

② そのころ、私はまだ学生だった。

③ 5時ごろ、着きました。

① 벌써 잘 때나.
② 그때 나는 아직 학생이었다.
③ 5시쯤 도착했습니다.

〈一頃〉는 〈ころ〉 또는 〈ごろ〉로 읽힌다. 〈この頃・近頃・日頃・いつ頃・1時頃・年頃・食べごろ・見ごろ〉 등과 같이 접미어로 사용될 경우에는 〈ごろ〉로 읽으며, 〈この頃・子供の頃・小さい頃・花が咲く頃〉 등과 같이 연체 수식 격조사 〈の〉나 용언의 수식을 받으며 명사로 사용될 경우에는 〈ころ〉로 읽는다. 〈この頃〉는 〈このごろ〉로 읽히면 '요즘', 〈このころ〉로 읽히면 '이때'의 의미가 된다. 참고로 〈そのごろ・あのごろ〉라고는 하지 않는다.

寝る 자다　私 나　学生 학생　5時 5시　着く 도착하다　この頃 요즘　近頃 최근　日頃 평소　いつ頃 언제쯤　1時頃 1시쯤　年頃 알맞은 나이, 적령　食べごろ 먹기 좋은 정도(때)　見ごろ 보기 좋을 정도(때)　この頃 이때　子供の頃 어릴 때　小さい頃 어릴 때　花が咲く頃 꽃이 필 때

1. 젊었을 때로 돌아갈 수 있는 거라면 돌아가 보고 싶다.

_____

2. 요즘 건망증이 심해졌다.

_____

☑ 1. 若いころに戻れるもんなら戻ってみたい。
   2. このごろ、物忘れがひどくなった。

문제풀이   Question : 괄호 안에 들어갈 가장 적절한 것을 하나 고르시오.

1. 子供の(   )、どんな人になりたかったの？

   ① ころ   ② ごろ
   ③ さい   ④ あいだ

2. 桜は今が(   )ごろだ。

   ① みる   ② みない
   ③ み   ④ みよう

☑ 1. ①   2. ③

若い 젊다   戻る 돌아가다   物忘れ 건망증   子供 아이   人 사람   桜 벚꽃   今 지금

☑ Point 1 : 의미　－정도, －쯤.

☑ Point 2 : 쓰임　수량이나 사태의 대략적 정도를 나타내는 말이다.

예문

① 駅まで10分ぐらいかかる。

② 涙が出るくらい嬉しかった。

③ ビール1本くらい、いいんじゃない？

① 역까지 10분 정도 걸린다. (수량 대략적 정도)
② 눈물이 나올 정도로 기뻤다. (사태 최고치 대략적 정도)
③ 맥주 1병 정도, 괜찮지 않니? (사태 최저치 대략적 정도)

알아두기

〈－位〉는 〈くらい〉 또는 〈ぐらい〉로 읽힌다. 예전에는 명사에는 〈ぐらい〉, 연체사에는 〈くらい〉, 활용어에는 〈くらい〉 또는 〈ぐらい〉가 접속되는 경향이 있었으나 현재는 그러한 구별이 사라졌다. 수량의 대략적 정도를 나타낼 때는 〈くらい〉와 더불어 〈ほど·ばかり〉도 사용할 수 있다. 사태 최고치에 대한 대략적 정도를 나타낼 때는 〈くらい〉도 가능하지만 〈ほど〉를 쓰는 편이 좋다. 사태 최저치에 대한 대략적 정도를 나타낼 때는 〈くらい〉만 쓸 수 있다. 그 외에 시각·요일·날짜나 긍정의 정도 비교에도 〈くらい〉를 쓴다. 부정의 정도 비교는 〈－は －ほど －ない〉와 같이 〈ほど〉가 온다.

駅〔えき〕 역　10分〔じゅっぷん〕 10분　涙〔なみだ〕 눈물　出る〔でる〕 나오다　嬉しい〔うれしい〕 즐겁고 기쁘다　1本〔いっぽん〕 한 병　位〔くらい〕 정도

1. 쉬는 날은 아침 8시 정도까지 잡니다. (수량 대략적 정도)

_____

2. 적어도 이 정도는 하게 해 주세요. (사태 최저치 대략적 정도)

_____

☑ 1. お休みの日は朝8時くらいまで寝ます。
　 2. せめてこれぐらいはさせてください。

문제풀이　Question : 괄호 안에 들어갈 가장 적절한 것을 하나 고르시오.

1. 遅れるなら連絡(　　　)してください。

　 ① ほど　　　　　　　　② ぐらい
　 ③ しか　　　　　　　　④ すら

2. 奈良は京都と同じ(　　　)古い。

　 ① くらい　　　　　　　② さえ
　 ③ ほど　　　　　　　　④ しか

☑ 1. ②　2. ①

お休みの日 쉬는 날　朝 아침　8時 8시　寝る 자다　遅れる 늦다　連絡 연락　奈良
나라　京都 교토　同じ 같음　古い 오래되다

にこにこ / にやにや

☑ Point 1 : 의미   생긋생긋 / 히죽히죽.
☑ Point 2 : 쓰임   웃는 모습을 나타내는 말이다.

예문

① 彼女はいつもにこにこ笑っている。

② 妹はにこにこ笑顔で帰ってきた。

③ どうしてにやにやと笑っているの。

① 그 여자는 항상 생긋생긋 웃고 있다.
② 여동생은 생긋생긋 웃는 얼굴로 집에 왔다.
③ 왜 히죽히죽 웃고 있는 거니?

알아두기

〈にこにこ / にやにや〉는 모두 웃는 모습을 나타내는 말이지만 어느 쪽을 쓰느냐에
따라 느낌이 달라지기 때문에 조심한다. 〈にこにこ〉는 행복, 즐거움 등이 담긴 웃음이
지만 〈にやにや〉는 어떤 의미를 담아 비웃거나 비꼬는 태도로 슬며시 웃는 웃음이다.

彼女 그 여자   笑う 웃다   妹 여동생   笑顔 웃는 얼굴   帰る 집에 가다

1. 그 사람은 생긋생긋 웃으면서 나한테 다가왔다.

_____

2. 히죽히죽 웃지 마.

_____

☑ 1. 彼はにこにこしながら私に近づいてきた。
　 2. にやにやするなよ。

문제풀이　　Question : 괄호 안에 들어갈 가장 적절한 것을 하나 고르시오.

1. 娘はお金が必要になると、いつも私に(　　　　)する。

　　① もちもち　　　　　　　　　② ずきずき
　　③ にこにこ　　　　　　　　　④ とぼとぼ

2. さっきからあの人、一人で(　　　　)している。怪しい。

　　① すやすや　　　　　　　　　② にやにや
　　③ ぺこぺこ　　　　　　　　　④ こりこり

☑ 1. ③　2. ②

彼 그 사람　私 나　近づく 다가가다　娘 딸　お金 돈　必要 필요　人 사람　一人 혼자
怪しい 수상하다

わかる / しる

☑ Point 1 : 의미　알다.

☑ Point 2 : 쓰임　사물의 의미나 사항의 내용을 구별하여 아는 것을 나타내는 말이다.

예문

① 私、あの子知っている。

② キムチの味を知っている。

③ キムチの味が分かる。

① 나 저 아이 알아.
② 김치 맛을 안다(전에 먹어봐서 안다).
③ 김치 맛을 안다(파악하여 구별하거나 평가할 줄 안다).

알아두기

〈分かる·判る·解る〉의 한자를 통해서 알 수 있듯이 〈わかる〉는 '불분명한 것을 나누어 분석하고 판단하는 과정을 통해 전반적으로 이해하고 헤아려서 안다'의 의미를 지니는 반면, 〈知る〉는 '모르는 지식이나 사실에 대해 듣거나 보거나 학습하거나 해서 단순히 안다'의 의미를 지닌다. 〈-がわかる / -をしる〉와 같이 대상에 취하는 격조사가 다르다는 점, 〈しる〉는 주로 〈しっている〉의 형태로 쓰이며 그 부정은 〈しらない〉가 된다는 점을 알아두자. 〈しっていない〉는 비문이다.

私 나　あの子 저 아이　知る 알다　味 맛　分かる·判る·解る 알다

1. 나는 누가 범인인지 알고 있다.

_____

2. 결국 그 사람이 범인인 것을 알았다.

_____

☑ 1. 私は誰が犯人なのか知っている。
   2. ついに彼が犯人だということが分かった。

문제풀이 Question : 괄호 안에 들어갈 가장 적절한 것을 하나 고르시오.

1. 君の気持ち(   )分かるよ。

   ① を   ② と
   ③ に   ④ が

2. ぼくの名前を(   )ますか。

   ① 知り   ② 知ってい
   ③ 分かり   ④ 分かってい

☑ 1. ④   2. ②

私 나 誰 누구 犯人 범인 知る 알다 彼 그 사람 分かる 알다 君 너 気持ち 마음
名前 이름

あける / ひらく

☑ Point 1 : 의미　열다.

☑ Point 2 : 쓰임　막힌 것, 닫힌 것, 덮인 것을 여는 의미를 나타내는 말이다.

예문

① 壁に穴を開ける。

② 大会を開く。

③ ノートを開いてください。

---

① 벽에 구멍을 뚫는다.
② 대회를 열다.
③ 노트를 펼쳐 주세요.

알아두기

〈あける〉: 막힌·닫힌·덮인 것을 단순히 열다 / 〈ひらく〉: 막힌·닫힌·덮인 것을 넓게 펼쳐서 열다'와 같은 의미 차이가 있다. 이러한 차이 때문에 우산·책·꽃(망울)·날개 등이나, 추상적 개념인 모임·세상·마음 등을 열고, 펼치고 할 때는 〈ひらく〉를 쓴다. '열다·열리다 ∥ 닫다·닫히다' 또한 기본적으로 동일 맥락 속에서〈あける·あく∥しめる·しまる〉/〈ひらく·ひらく(ひらける)∥とじる·とじる〉와 같은 대립 관계가 성립된다. 그러나〈目をあける ∥ 目をとじる〉와 같이 그 틀에서 벗어나는 경우도 있으므로 조심한다.

壁 벽　穴 구멍　開ける 열다, 내다　大会 대회　開く 열다, 열리다　目をあける 눈을 뜨다
目をとじる 눈을 감다

1. 선물 뚜껑을 연다.

_____

2. 꽃잎이 피었다.

_____

☑ 1. プレゼントの蓋をあける。
   2. 花びらがひらいた。

Question : 괄호 안에 들어갈 가장 적절한 것을 하나 고르시오.

1. 午前10時にお店(　　　)あける。

   ① を   ② に
   ③ が   ④ と

2. 将来お店(　　　)ひらこうと思っている。

   ① に   ② が
   ③ と   ④ を

☑ 1. ①   2. ④

蓋 뚜껑   花びら 꽃잎   午前 오전   10時 10시   店 가게   将来 장래   思う 생각하다

あがる / のぼる

☑ Point 1 : 의미　오르다, 올라가다.

☑ Point 2 : 쓰임　낮은 곳에서 높은 곳으로 올라가는 것을 나타내는 말이다.

예문

① 山頂まであがる / のぼる。(변화 결과 / 동작 과정 강조)

② 坂道をあがる / のぼる。(변화 결과 / 동작 과정 강조)

③ 階段をのぼって屋上にあがる。(동작 과정·변화 결과 강조)

① 산 정상까지 올라간다.
② 언덕길을 올라간다.
③ 계단을 통해 옥상에 올라간다.

알아두기

〈あがる / のぼる〉는 비슷한 의미를 지니지만 관점에 따라 사용이 달라진다. 〈あがる〉는 변화 결과를 강조하며, 〈のぼる〉는 동작 과정(프로세스)을 강조한다. 〈風呂からあがる・雨があがる〉는 변화 결과가 강조된 표현이다. 한편 해, 달, 별이 뜰 때는 이동 과정에 관점을 두므로 〈のぼる〉를 사용한다. 〈川をのぼる・血がのぼる・のぼり列車〉 또한 이동 과정을 강조한 표현이다. 그 외에 관점에 따라 관용적으로 쓰이는 표현이 많으므로 주의한다.

山頂 산 정상　坂道 언덕길　階段 계단　屋上 옥상　風呂からあがる 목욕이 끝나다
雨があがる 비가 그치다　川をのぼる 거슬러 올라가다　血がのぼる 피가 치밀어 오르다
のぼり列車 상행열차

---

1. 하늘에 불꽃이 쏘아진다. (변화 결과 강조)

   _____

2. 태양은 동쪽에서 뜬다. (동작 과정 강조)

   _____

☑ 1. 空に花火があがる。
   2. 太陽は東からのぼる。

문제풀이   Question : 괄호 안에 들어갈 가장 적절한 것을 하나 고르시오.

1. お風呂(   )のビールは最高だよね。

   ① わたり   ② のぼり
   ③ あがり   ④ くだり

2. まもなく(   )列車が参ります。ご注意ください。

   ① あがり   ② のぼり
   ③ おり   ④ さがり

☑ 1. ③   2. ②

空 하늘   花火 불꽃   太陽 태양   東 동쪽   お風呂 목욕, 욕조   最高だ 최고다   列車
열차   参る 오다   注意 주의

おりる(さがる) / くだる

☑ Point 1 : 의미　내리다, 내려가다.

☑ Point 2 : 쓰임　높은 곳에서 낮은 곳으로 내려가는 것을 나타내는 말이다.

예문

① 山頂からおりる / くだる。(변화 결과 / 동작 과정 강조)

② 坂道をおりる / くだる。(변화 결과 / 동작 과정 강조)

③ 夜になると気温がさがる。(기준점 강조)

① 산 정상에서 내려온다.
② 언덕길을 내려온다.
③ 밤이 되면 기온이 내려온다.

알아두기

〈おりる / くだる〉또한 〈あがる / のぼる〉와 같은 맥락 속에서 생각할 수 있다. 변화의 결과를 강조할 때는 〈おりる〉를 쓰고, 동작 과정(프로세스)을 강조할 때는 〈くだる〉를 쓴다. 〈おりる〉와 비슷한 뜻을 지닌 말로 〈さがる〉가 있다. 하지만 〈さがる〉는 어떤 기준점을 중심으로 그 아래로 내려오는 경우에 사용하는 말로 〈おりる〉와 구별된다.

山頂 산 정상　坂道 언덕길　夜 저녁　気温 기온

1. 엘리베이터로 1층에 내리다. (변화 결과 강조)

_____

2. 이 길을 쭉 내려가면 신쥬쿠 역입니다. (동작 과정 강조)

_____

☑ 1. エレベーターで1階におりる。
   2. この道をまっすぐくだると、新宿駅です。

Question : 괄호 안에 들어갈 가장 적절한 것을 하나 고르시오.

1. (   )とは東京から西、または北に向かう列車です。

　① くだり　　　　　　　　② のぼり
　③ あがり　　　　　　　　④ さがり

2. 危ないですから、黄色い線までお(   )ください。

　① のぼり　　　　　　　　② あがり
　③ くだり　　　　　　　　④ さがり

☑ 1. ①　2. ④

1階 1층　道 길　新宿駅 신쥬쿠 역　東京 도쿄　西 서쪽　北 북쪽　向かう 향하다
列車 열차　危ない 위험하다　黄色い 노랗다　線 선

むく(むける) / むかう

☑ Point 1 : 의미　　향하다, 보다 / 향하다, 보다, 향해 나아가다.

☑ Point 2 : 쓰임　　어떤 방향을 정면으로 해서 향하는 것을 나타내는 말이다.

예문

① 横を向いてください。

② 鏡に向って写真をとる。

③ 海へ向かう。

① 옆으로 향해 주세요.
② 거울을 향해 사진을 찍는다.
③ 바다로 향해 간다.

알아두기

〈-に(を)むく / -にむかう〉는 둘 다 '-로 향하다'는 점에서 같은 의미를 지닌다. 그러나 〈むかう〉의 경우는 그 방향으로 향해 나아간다는 의미까지 포함하므로 주의해야 한다. 〈むける〉는 〈むく〉의 타동사이며 '-를 어떤 방향으로 향하게 하다'를 뜻한다.

横 옆　向く 향하다　鏡 거울　向う 향하다　写真 사진　海 바다

1. 나침반은 북쪽을 향하고 있다.

_____

2. 회장으로 향해 가고 있다.

_____

☑ 1. コンパスは北をむいている。
   2. 会場へむかっている。

Question : 괄호 안에 들어갈 가장 적절한 것을 하나 고르시오.

1. 上を(   )歩こう。

   ① むかって   ② むいて
   ③ むけて   ④ ねむって

2. 顔(   )横にむけてください。

   ① を   ② が
   ③ に   ④ と

☑ 1. ② 2. ①

北 북쪽 会場 회장 上 위 歩く 걷다 顔 얼굴 横 옆

ねる / ねむる

☑ Point 1 : 의미   잠을 자다, 눕다 / 잠을 자다.

☑ Point 2 : 쓰임   잠을 자거나 옆으로 눕는 행동을 나타내는 말이다.

예문

① いびきをかきながら寝ている。

② 寝たまま本を読んだり、テレビを見たりする。

③ 座ったまま眠っている。

① 코를 골며 자고 있다.
② 누운 채로 책을 읽기도 하고 텔레비전을 보기도 한다.
③ 앉은 채로 자고 있다.

알아두기

〈ねる / ねむる〉는 둘 다 '잠을 자다'는 동일한 의미를 지닌다. 그러나 〈ねる〉의 경우는 '옆으로 눕다'의 뜻까지 포함하므로 틀리지 않도록 주의한다. 〈ねる〉는 수면 상태에 있는 것뿐만 아니라 잠을 자기 위한, 또는 휴식을 취하기 위한 동작으로 옆으로 눕는 행위까지를 포함한다.

寝る 자다, 눕다   本 책   読む 읽다   見る 보다   座る 앉다   眠る 자다

---

1. 나는 매일 12시에 잔다.

_____

2. 어제는 푹 잤다.

_____

☑ 1. 私は毎日12時に寝る。
   2. 昨日はぐっすり眠った。

문제풀이   Question : 괄호 안에 들어갈 가장 적절한 것을 하나 고르시오.

1. 最近、(　　　)ながら使えるスマホスタンドが大人気だ。

　① ねむり　　　　　　　　② つかい

　③ ね　　　　　　　　　　④ こわし

2. 居(　　　)運転に注意してください。

　① ね　　　　　　　　　　② おき

　③ ねむり　　　　　　　　④ さめ

☑ 1. ③   2. ③

私 나　毎日 매일　12時 12시　寝る 자다　昨日 어제　眠る 자다　最近 최근　使える 사용할 수 있다　大人気だ 큰 인기다　居眠り運転 졸음운전　注意 주의

어휘·문형	105	
level	N2	**うとうと / ぐうぐう**

☑ Point 1 : 의미　꾸벅꾸벅 / 쿨쿨, 드르렁드르렁.

☑ Point 2 : 쓰임　사람이 잠든 모습을 나타내는 말이다.

예문

① 授業中にうとうとしてしまった。

② 昼食後、眠くてうとうとしてしまった。

③ 彼はついさっきまでぐうぐう寝ていた。

① 수업 중에 꾸벅꾸벅 졸아버렸다.
② 점심 먹고 나서 졸려서 꾸벅꾸벅 졸아버렸다.
③ 그 사람은 조금 전까지 쿨쿨 자고 있었다.

알아두기

〈うとうと ／ ぐうぐう〉는 사람이 잠든 모습을 나타내는 말이지만 그 정도에 따라 대조적 의미를 지닌다. 〈うとうと〉는 얕은 잠에 빠져 '꾸벅꾸벅' 조는 모양을 나타내며, 〈ぐうぐう〉는 깊은 잠에 빠져 '쿨쿨' 코를 골며 자는 모양을 나타낸다.

授業中 수업 중　昼食後 점심 후　眠い 졸리다　彼 그 사람　寝る 자다

1. 꾸벅꾸벅 졸고 있는 사이에 역을 지나가 버렸다.

_____

2. 개도 인간처럼 드르렁드르렁 코를 곤다.

_____

☑ 1. うとうとしているうちに駅を通りすぎてしまった。
2. 犬も人間のようにぐうぐういびきをかく。

문제풀이　　Question : 괄호 안에 들어갈 가장 적절한 것을 하나 고르시오.

1. (　　　)とは、浅い眠りを感じている状況のことです。

① ぐうぐう　　　　　　　② ぐっすり
③ うとうと　　　　　　　④ すやすや

2. 赤ちゃんが大泣きしていても、パパは(　　　)寝ている。

① ぺらぺら　　　　　　　② わくわく
③ ぺこぺこ　　　　　　　④ ぐうぐう

☑ 1. ③　2. ④

駅 역　通りすぎる 지나쳐 가다　犬 개　人間 인간　浅い 얕다　眠り 잠　感じる 느끼다
状況 상황　赤ちゃん 아기　大泣き 크게 욺　寝る 자다

ーよう(に) / ーため(に)

☑ Point 1 : 의미　ー하도록, ー하기 위해.

☑ Point 2 : 쓰임　목적을 나타내는 형식이다.

예문

① 一日も早く良くなるように、お祈りしています。

② 誰でも分かるように、説明する。

③ ビキニを着るために、ダイエットを始めた。

① 하루라도 빨리 좋아지도록(좋아지시길) 기원합니다.
② 누구라도 이해하도록 설명한다.
③ 비키니를 입기 위해 다이어트를 시작했다.

알아두기

〈に〉가 생략되기도 한다. 이 경우는 다소 딱딱한 어감이다. 〈ーように〉는 활용어의 연체형에, 〈ーために〉는 활용어의 연체형 또는 명사에 접속한다. 활용어의 시제는 현재형으로 나타난다. 〈ーように〉는 화자의 의지와 상관없는 자연발생적 현상이나 상태를 나타내는 자동사(〈なる・分かる・忘れる・治る・降る・聞える…〉)와 결합하며, 〈ーために〉는 화자의 의지로 실현이 가능한 동작을 나타내는 타동사(〈着る・起きる・書く…〉)와 결합한다. 동사〈ーない〉형태나 가능 동사로 목적을 나타낼 경우에는 〈ーように〉를 쓴다.

一日も早く 하루라도 빨리　良い 좋다　祈る 기원하다　誰 누구　分かる 알다, 이해하다　説明 설명　着る 입다　始める 시작하다　忘れる 잊다　治る 낫다　降る 내리다　聞える 들리다　起きる 일어나다　書く 쓰다

1. 넘어지지 않도록 발밑을 조심하세요.

_____

2. 일찍 일어나기 위해 자명종을 맞춘다.

_____

☑ 1. 転ばないように、足元に気をつけてください。
    2. 早く起きるために、目覚ましをかける。

문제풀이   Question : 괄호 안에 들어갈 가장 적절한 것을 하나 고르시오.

1. 合格できる(   )、頑張ってください。

   ① ために   ② みたいに
   ③ せいで   ④ ように

2. 健康の(   )、酒をやめた。

   ① ように   ② みたいに
   ③ ために   ④ おかげで

☑ 1. ④   2. ③

転ぶ 넘어지다   足元 발밑   気をつける 조심하다   早く 빨리   起きる 일어나다
目覚まし 자명종   合格 합격   頑張る 열심히 하다   健康 건강   酒 술

ーないで / ーなくて

☑ Point 1 : 의미　ー하지 않고, ー하지 않아서.

☑ Point 2 : 쓰임　부정형의 중지를 나타내는 형식이다.

예문

① 彼は何も食べないで、学校に行った。

② 辞書を使わないで、日本語の勉強をした。

③ 合格できなくて、悔しかった。

① 그는 아무것도 먹지 않고 학교에 갔다. (부대 상황)

② 사전을 사용하지 않고 일본어 공부를 했다. (수단 방법)

③ 합격 못 해서 분했다. (원인 이유)

알아두기

〈ーないで / ーなくて〉는 명사, 형용사, 동사 등에 접속하여 종속관계 또는 대등관계를 유지하며 부정형 중지의 뜻을 나타낸다. 종속관계일 경우에는 (1)부대 상황·수단 방법(동시 동작)과 (2)원인 이유(연속 사태)를 나타낸다. (1)의 용법에는 〈ないで〉 만을 사용하며 (2)의 용법에는 〈ないで〉와 〈なくて〉 모두를 사용할 수 있으나, 〈なくて〉 가 가장 적절하며, 〈ないで〉는 다소 부자연스럽다. 대등관계일 경우에는 대등한 두 사태를 열거하여 (3)대비를 나타내는데, 이때는 〈太郎は合格しないで(しなくて)、次 郎は合格した〉와 같이 양쪽 모두 사용이 가능하다. 〈ーないで〉는 동사와만 결합한다.

彼 그 사람　何も 아무것도　食べる 먹다　学校 학교　行く 가다　辞書 사전　使う 사용하다　日本語 일본어　勉強 공부　合格 합격　悔しい 분하다　太郎 다로　次郎 지로

1. 손을 들지 않고 횡단보도를 건넜다. (부대 상황)

2. 미국에 가지 않고 일본에 갔다. (대비)

☑ 1. 手を上げないで、横断歩道を渡った。
    2. アメリカには行かないで、日本に行った。

Question : 괄호 안에 들어갈 가장 적절한 것을 하나 고르시오.

1. 歯を磨か(   )寝てしまった。

    ① ない   ② なし
    ③ なくて   ④ ないで

2. 美味しく(   )、半分残した。

    ① ないで   ② ずに
    ③ なくて   ④ ず

☑ 1. ④   2. ③

手を上げる 손을 들다   横断歩道 횡단보도   渡る 건너다   行く 가다   日本 일본
歯を磨く 이를 닦다   寝る 자다   美味しい 맛있다   半分 반   残す 남기다

ーずに / ーず

☑ Point 1 : 의미　ー하지 않고, ー하지 않아서.

☑ Point 2 : 쓰임　부정형의 중지를 나타내는 형식이다.

예문

① 彼は砂糖を入れずに(ず)コーヒーを飲んだ。

② 包丁を使わずに(ず)、料理をした。

③ 良いアイデアが思いつかず困っている。

① 그 사람은 설탕을 넣지 않고 커피를 마셨다. (부대 상황)
② 칼을 사용하지 않고 요리했다. (수단 방법)
③ 좋은 아이디어가 생각나지 않아서 난처하다. (원인 이유)

알아두기

〈ずに〉는〈ないで〉의 문어체이며, 〈ず〉는〈なくて〉의 문어체이다. 종속관계 (1)부대
상황·수단 방법을 나타낼 경우에는〈ずに(ないで)〉를 사용하며, (2)원인 이유를 나
타낼 경우에는〈ず(なくて)〉를 사용하는 것이 적합하다. (1)의〈ずに〉는〈に〉가 생략
되기도 하므로 의미 파악 또는 사용에 주의한다. 대등관계 (3)대비를 나타낼 경우에는
〈ずに / ず / ないで / なくて〉모두 사용이 가능하다. 문어체에서는〈ず〉가 가장
폭 넓게 쓰이며〈ずに〉는〈親が来ずに子供が来た / 太郎は呼ばずに次郎を呼ぼう〉와
같이 '그 대신에'의 뜻을 내포할 때로 사용이 한정되는 경향이 있다.

彼 그 사람　砂糖 설탕　入れる 넣다　飲む 마시다　包丁 칼　使う 사용하다　料理 요리

良い 좋다　思いつく 생각나다　困る 곤란하다, 난처하다　親 부모　来る 오다　子供 아이

太郎 다로　呼ぶ 부르다　次郎 지로

---

1. 아무 말도 하지 않고 사라져 버렸다. (부대 상황)

_____

2. 다로는 합격하지 않았고 지로는 합격했다. (대비)

_____

☑ 1. 何も言わず(に)消えてしまった。
   2. 太郎は合格せず、次郎は合格した。

文제풀이   Question : 괄호 안에 들어갈 가장 적절한 것을 하나 고르시오.

1. ご要望にお答えでき(   )、誠に申し訳ございません。

   ① ずに   ② ず
   ③ ないで   ④ ない

2. 彼は何も食べ(   )、ものも言わず、立ち上がりもしなかった。

   ① ず   ② ずに
   ③ なし   ④ なければ

☑ 1. ② 2. ①

何も 아무것도　言う 말하다　消える 사라지다　太郎 다로　合格 합격　次郎 지로
ご要望 요망　答える 답하다, 응하다　誠に 정말로, 진심으로　申し訳ない 죄송하다　彼
그 사람　何も 아무것도　食べる 먹다　言う 말하다　立ち上がる 일어서다

어휘·문형	109
level	N3

ーはずだ / ーわけだ

☑ Point 1 : 의미　 －ㄹ 것이다 / －ㄴ 것이다.

☑ Point 2 : 쓰임　 정황 근거를 토대로 화자가 확신하며 추측하거나 단정하는 것을 나타내는
형식이다.

예문

① 李さんは10年も日本に住んでいるから、日本語が上手なはずだ。

② 李さんは10年も日本に住んでいるから、日本語が上手なわけだ。

③ だから目がちょっと赤いわけですね。

① 이 씨는 10년이나 일본에 살고 있기 때문에 일본어를 잘할 것이다.
② 이 씨는 10년이나 일본에 살고 있기 때문에 일본어를 잘하는 것이다.
③ 그래서 눈이 조금 빨간 것이군요.

알아두기

〈ーはずだ〉는 정황 근거를 토대로 화자가 확신하며 추측할 때 사용하며 '－ㄹ 것이다'의
뜻을 나타낸다. 〈ーわけだ〉는 정황 근거를 토대로 화자가 확신하며 단정할 때 사용하며
'－ㄴ 것이다'의 뜻을 나타낸다. 미래를 나타낼 때는 〈ーわけだ〉는 부자연스러우며 〈ー
はずだ〉를 사용하는 것이 좋다. 〈ーわけだ〉는 〈ーという〉의 수식을 받거나, 〈どうりで
・なるほど・つまり・だから・それで〉 등과 같은 부사나 접속사와 호응하며 앞의 말
을 받아 단정하는 형태로 많이 사용한다. 한편 〈冬は寒い〉와 같은 절대적 사실에 대해
서는 〈ーはずだ / ーわけだ〉는 사용하지 않는다.

李 이　10年 10년　日本 일본　住む 살다　日本語 일본어　上手だ 잘하다　目 눈
赤い 빨갛다　冬 겨울　寒い 춥다

---

1. 스마트폰은 책상 위에 있을 거야.

_____

2. 그래서, 또 돈을 빌리고 싶다는 거니?

_____

☑ 1. スマホは机の上にあるはずだよ。
   2. それで、またお金を借りたいというわけか。

문제풀이   Question : 괄호 안에 들어갈 가장 적절한 것을 하나 고르시오.

1. 明日は晴れる(   )だ。

   ① わけ   ② すら
   ③ はず   ④ せい

2. つまり明日のパーティーには行きたくないという(   )だね。

   ① わけ   ② ほど
   ③ はず   ④ ころ

☑ 1. ③   2. ①

机 책상   上 위   お金 돈   借りる 빌리다   明日 내일   晴れる 개다   行く 가다

－ことだ / －ものだ

☑ Point 1 : 의미　　－해야 한다, －이 좋다(옳다, 맞다), －인 것이다(법이다).

☑ Point 2 : 쓰임　　개인적 또는 사회적 판단을 토대로 당연함을 서술하거나 그 내용을 조언, 권유, 충고할 때 사용하는 형식이다.

예문

① 合格したければ、もっと勉強することだ。

② 夏は暑く、冬は寒いものだ。

③ 学生は勉強するものだ。

① 합격하고 싶으면 좀 더 공부해야 한다. (눈앞 대상·조언)
② 여름은 덥고 겨울은 추운 법이다. (불특정 대상·속성)
③ 학생은 공부해야 한다. (불특정 대상·조언)

알아두기

〈－ことだ〉는 눈앞의 대상에게 (1)개인 판단에 기초한 문제해결 목적의 조언(권유, 충고), 〈－ものだ〉는 불특정 대상에게 (1)사회 통념에 근거를 둔 사물의 본질이나 속성 서술 (2)일반적 상식이나 규범적 내용에 기반한 조언(권유, 충고)을 할 때 사용하는 형식이다. 〈－ことだ〉는 〈－たければ(－たいなら・－ときは・－ためには…) ＋ －ことだ〉의 형태를 취하는 경우가 많다. 〈－ものだ〉는 〈X(に)は－ものだ〉의 형태를 취하며 X에는 주로 사물의 공통된 특성을 나타내는 일반명사(〈夏・学生〉 등)가 온다. X가 특정 사물(〈今年の夏・ 木村〉 등)일 경우에는 〈－ものだ〉를 사용할 수 없다.

合格 합격　**勉強** 공부　**夏** 여름　**暑い** 덥다　**冬** 겨울　**寒い** 춥다　**学生** 학생　**今年** 올해　**木村** 기무라

1. 감기 걸렸을 때는 편히 쉬어야 한다. (눈앞 대상・조언)

_____

2. 약속은 지켜야 한다. (불특정 대상・조언)

_____

☑ 1. 風邪を引いた時は、ゆっくり休むことだ。
   2. 約束は守るものだ。

문제풀이 Question : 괄호 안에 들어갈 가장 적절한 것을 하나 고르시오.

1. [Aさんが → Bさんに] 痩せたいなら、毎日運動をする(　　　)だ。
   ① しか   ② もの
   ③ すら   ④ こと

2. 年をとればとるほど、記憶力は鈍る(　　　)だ。
   ① こと   ② せい
   ③ もの   ④ さえ

☑ 1. ④   2. ③

風邪を引く 감기 들다   時 때   休む 쉬다   約束 약속   守る 지키다   痩せる 살이 빠지다
毎日 매일   運動 운동   年をとる 나이를 먹다   記憶力 기억력   鈍る 둔해지다

☑ Point 1 : 의미　　ー해야 한다, ー이 좋다(옳다, 맞다).

☑ Point 2 : 쓰임　　개인적 또는 사회적 판단을 토대로 조언, 권유, 충고할 때 사용하는 형식이다.

예문

① 生き残りたければ、手を組むべきだ。

② 日本で働きたいなら、N2は取っておくべきだよ。

③ 交通ルールはきちんと守るべきです。

① 살아남고 싶으면 손을 잡아야 한다.
② 일본에서 일하고 싶으면 N2는 따놓아야 한다.
③ 교통법규는 정확히 지켜야 한다.

알아두기

〈ーべきだ〉는 〈ーことだ〉(1), 〈ーものだ〉(2)와 호환 사용이 가능하다. 말 상대, 판단 주체, 전제 상황, 구성 요소 등의 제한으로부터도 자유스럽다. 이런 이유로 〈ーべきだ〉 는 조언(권유, 충고)을 나타내는 데 특별한 제한 없이 폭넓게 사용할 수 있는 형식으로 꼽힌다. 그러나 〈赤ちゃんは泣くものだ・人の運命はわからないものだ〉등과 같이 사물 의 본질, 속성을 나타내는 〈ーものだ〉(1)은 〈ーべきだ〉와 호환하여 사용하지 않으므로 조심한다. 조언을 나타내는 〈ーことだ / ーものだ / ーべきだ〉는 우리말 'ー해야 한다, ー이 옳다'에 대응시킬 수 있으며, 사물의 본질, 속성을 나타내는 〈ーものだ〉는 우리말 'ー인 것(법)이다'에 대응시킬 수 있다.

生き残る 살아남다　手を組む 손을 잡다, 협력하다　日本 일본　働く 일하다　取る 취하다, 따다　交通 교통　守る 지키다　赤ちゃん 아기　泣く 울다　人 사람　運命 운명

---

1. 건강을 위해 담배를 끊어야 한다.

_____

2. 상사에게는 높임말을 써야 한다.

_____

☑ 1. 健康のためにタバコはやめるべきだ。
   2. 上司には敬語を使うべきだ。

문제풀이　　Question : 괄호 안에 들어갈 가장 적절한 것을 하나 고르시오.

1. 人の悪口は言う(　　　)ではないよ。

　① だけ　　　　　　　　② はず
　③ べき　　　　　　　　④ しか

2. 人生って、わからない(　　　)だ。

　① こと　　　　　　　　② べき
　③ せい　　　　　　　　④ もの

☑ 1. ③　2. ④

健康 건강　上司 상사　敬語 경어, 높임말　使う 사용하다　人 다른 사람　悪口 욕　言う 말하다　人生 인생

어휘·문형	112	きゅうに / いきなり / とつぜん
level	N3	

☑ Point 1 : 의미   갑자기, 느닷없이, 돌연히.

☑ Point 2 : 쓰임   갑작스럽게 사태가 발생하는 모습을 나타내는 말이다.

예문

① 急にお腹が痛くなった。

② いきなり母が入ってきたのでびっくりした。

③ 突然電気が消えた。

① 갑자기 배가 아파졌다.

② 갑자기 어머니가 들어와서 깜짝 놀랐다.

③ 갑자기 전기가 나갔다.

알아두기

〈きゅうに / いきなり / とつぜん〉는 모두 갑작스러운 사태 발생을 나타내는 말로
서로 비슷한 뜻으로 쓰이지만, 미묘한 뉘앙스 차이는 존재한다. 〈きゅうに〉는 예견된
일의 변화 속도가 빠르고 심할 때 사용하며, 〈いきなり〉는 예견된 일의 순서나 절차나
징조가 생략될 때 사용한다. 〈とつぜん〉은 예상하지 못했던 일이 갑자기 일어났을 때
사용한다. 〈彼は急に / いきなり / 突然怒り出した〉에서 〈急に〉는 화를 낼 것을 예상
했지만 생각보다 빨리 화를 낸 것, 〈いきなり〉는 화를 낼 것으로 생각했지만 조짐이나
징조 없이 중간 과정을 건너뛰고 바로 화를 낸 것, 〈とつぜん〉은 화내지 않을 것으로
생각했는데 갑자기 화를 낸 것을 나타낸다.

急に 갑자기   お腹 배   痛い 아프다   母 어머니   入る 들어오다   突然 갑자기   電気 전기
消える 사라지다, 꺼지다   彼 그 사람   怒り出す 화내다

---

1. 11월 들어서 갑자기 추워졌습니다.

_____

2. 갑자기 비가 내렸다.

_____

☑ 1. 11月に入って急に寒くなってきました。
　 2. いきなり雨が降ってきた。

문제풀이　　Question : 괄호 안에 들어갈 가장 적절한 것을 하나 고르시오.

1. (　　　　)、知らない人から告白された。

　①もうすぐ　　　　　　　②じょじょに
　③とつぜん　　　　　　　④ゆっくり

2. 最近(　　　)白髪が増えた。

　①きゅうに　　　　　　　②いまにも
　③かならず　　　　　　　④いちども

☑ 1. ③ 2. ①

11月(じゅういちがつ) 11월　入(はい)る 들어오다　急(きゅう)に 갑자기　寒(さむ)い 춥다　雨(あめ) 비　降(ふ)る 내리다　知(し)る 알다
人(ひと) 사람　告白(こくはく) 고백　最近(さいきん) 최근　白髪(しらが) 흰머리　増(ふ)える 늘다

ーについて / ーにかんして

☑ Point 1 : 의미　　-에 대해 / -에 관해(-에 관한).

☑ Point 2 : 쓰임　　한정된 사항이나 내용을 언급할 때 '-에 대해, -에 관해(-에 관한)'의
　　　　　　　　　　뜻을 나타내는 형식이다.

예문

① その件については知らない。

② この問題に関してどう思いますか。

③ 日本語の文法に関して質問があります。

① 그 건에 대해서는 모른다.
② 이 문제에 관해서 어떻게 생각하십니까?
③ 일본어 문법에 관해서 질문이 있습니다.

알아두기

영어 'about'의 의미를 지닌다. 두 표현의 의미 차이는 거의 없지만 〈-にかんして〉
쪽이 조금 더 문어적이고 딱딱한 느낌이다. 단 화제가 양자택일인 경우, 〈-にかんし
て〉는 부자연스러운 표현이 된다.

件 건　知る 알다　問題 문제　-に関して -에 관하여　思う 생각하다　日本語 일본어
文法 문법　質問 질문

---

1. 환경문제에 대해 서로 이야기했습니다.

_____

2. 영화에 관해서는 좀 까다롭다.

_____

☑ 1. 環境問題について話し合いました。
   2. 映画に関してはちょっとうるさい。

문제풀이　Question : 괄호 안에 들어갈 가장 적절한 것을 하나 고르시오.

1. 就職するか、進学するか(　　　　)先生に相談した。

   ① に関して　　　　　　　　② に拠って
   ③ に従って　　　　　　　　④ に就いて

2. その件(　　　　)関しては何も言いたくない。

   ① を　　　　　　　　　　　② に
   ③ は　　　　　　　　　　　④ か

☑ 1. ④　2. ②

環境問題かんきょうもんだい 환경문제　話し合うはなあう 서로 이야기하다　映画えいが 영화　－に関してかん －에 관하여
就職しゅうしょく 취직　進学しんがく 진학　－に就いてつ －에 대해　先生せんせい 선생님　相談そうだん 상담　－に拠ってよ
－에 의해　－に従ってしたが －에 따라　件けん 건　何なに 무엇　言うい 말하다

ーにたいして

☑ Point 1 : 의미   ー에게, ーㄴ 데 반해(ー와 대조적으로).

☑ Point 2 : 쓰임   한정된 대상이나 사태를 언급하여 'ー에게, ーㄴ 데 반해'의 뜻을 나타내는
형식이다.

예문

① 先生に対して、そういう態度はよくない。

② 友達に対して、感謝の気持ちを伝える。

③ 韓国は寒いのに対して、日本は暖かい。

① 선생님에게 그런 태도는 좋지 않다.
② 친구에게 감사의 마음을 전한다.
③ 한국은 추운 데 반해 일본은 따뜻하다.

알아두기

〈ーにたいして〉와 〈ーについて / ーにかんして〉는 쓰임에 차이가 있다. 〈ーにたい
して〉는 영어 'to, toward'의 의미로 사용되며, 〈ーについて / ーにかんして〉는
영어 'about'의 의미로 사용된다. 한편 〈ーにたいして〉는 'ーㄴ데 반해, ー와 대조적
으로'의 뜻으로도 사용된다.

先生 선생   対して ー에게, ーㄴ 데 반해   態度 태도   友達 친구   感謝 감사   気持ち
마음   伝える 전하다   韓国 한국   寒い 춥다   日本 일본   暖かい 따뜻하다

---

1. 선생님에게 공손하게 말합시다.

_____

2. 형은 활발한 데 반해 남동생은 얌전한 성격이다.

_____

☑ 1. 先生に対して、丁寧に話しましょう。
   2. 兄は活発なのに対して、弟はおとなしい性格だ。

문제풀이　Question : 괄호 안에 들어갈 가장 적절한 것을 하나 고르시오.

1. なんか部長に(　　　)不満があるようだ。

   ① 渡って　　　　　　　　② はまって
   ③ 対して　　　　　　　　④ 基づいて

2. お父さんは優しい(　　　)対して、お母さんはとても厳しい。

   ① のに　　　　　　　　　② と
   ③ まで　　　　　　　　　④ ので

☑ 1. ③　2. ①

先生 선생　対して －에게, －ㄴ 데반해　丁寧に 공손하게　話す 말하다　兄 형　活発 활발　弟 남동생　性格 성격　部長 부장　不満 불만　－に渡って －에 걸쳐　－に基づいて －에 의거하여　お父さん 아버지　優しい 상냥하다　お母さん 어머니　厳しい 엄하다

―にわたって

☑ Point 1 : 의미   ―에 걸쳐서.

☑ Point 2 : 쓰임   어떤 기간 또는 범위에 걸쳐 계속해서 일어나는 상황을 나타내는 형식이다.

예문

① 多方面に渡って活躍する。

② コンサートは 2 週間にわたって行われた。

③ 日本全域にわたって豪雨が降った。

① 다방면에 걸쳐 활약한다.
② 콘서트는 2주에 걸쳐서 행해졌다.
③ 일본 전역에 걸쳐 호우가 내렸다.

알아두기

주로 어떤 기간 또는 범위를 나타내는 명사와 결합해서 그 기간이나 범위 동안 어떤 일이 계속 일어나는 것을 나타낸다. 〈3月から4月にかけて〉와 같이 시작 시점과 종료 시점이 구체적으로 드러날 경우에는 〈―にかけて〉를 쓴다.

多方面 다방면   渡る 걸치다   活躍 활약   2週間 2주(간)   行われる 행해지다
日本全域 일본 전역   豪雨 호우   降る 내리다   3月 3월   4月 4월

---

1. 이 대회는 5회에 걸쳐서 행해졌다.

_____

2. 인도는 오랜 세월에 걸쳐 영국에 지배받았다.

_____

☑ 1. この大会は、5回にわたって行われた。
    2. インドは長年にわたってイギリスに支配されていた。

문제풀이   Question : 괄호 안에 들어갈 가장 적절한 것을 하나 고르시오.

1. 兄は5時間(   )わたって大手術を受けた。

    ① と   ② から
    ③ に   ④ まで

2. ここから15キロに(   )渋滞が続いている。

    ① かけて   ② もとづいて
    ③ わたって   ④ よって

☑ 1. ③   2. ③

大会 대회   5回 5회   行われる 행해지다   長年 오랜 세월   支配 지배   兄 형   5時間 5시간   大手術 대수술   受ける 받다   渋滞 정체   続く 계속되다

어휘·문형	116	
level	N3	**ーにかけて**

☑ Point 1 : 의미　ー에 걸쳐서.

☑ Point 2 : 쓰임　어떤 기간 또는 범위에 걸쳐 계속해서 일어나는 상황을 나타내는 형식이다.

예문

① 3月から4月にかけて、桜が見られる。

② この試合は来週から来月にかけて、行われる。

③ 今晩から明日の朝にかけて、雨が降るらしい。

① 3월부터 4월에 걸쳐서 벚꽃을 볼 수 있다.
② 이 시합은 다음 주부터 다음 달에 걸쳐서 행해진다.
③ 오늘 밤부터 내일 아침에 걸쳐서 비가 내린다고 한다.

알아두기

기간이나 범위를 나타내는 면에서 〈ーにわたって〉와 유사하지만 쓰임에 차이가 있다. 〈ーにわたって〉는 기간이나 범위는 나타나지만, 시작과 종료 시점이 나타나지 않는다. 반면 〈ーにかけて〉는 〈ーから ーにかけて〉와 같이 시작 시점과 종료 시점이 구체적으로 드러난다. 시작 시점은 생략되기도 한다. 〈3月から4月にかけて / 3月1日から4月1日まで〉에서 보듯이 〈ーから ーまで〉는 〈ーから ーにかけて〉보다 시작과 종료 시점에서 한층 구체적이고 명확하다.

3月 3월　4月 4월　桜 벚꽃　見られる 볼 수 있다　試合 시합　来週 다음 주　来月 다음 달　行われる 행해지다　今晩 오늘 밤　明日 내일　朝 아침　雨 비　降る 내리다　1日 1일

240 중급일본어 어휘·문형 해설

1. 연말부터 연시에 걸쳐서 아주 바쁘다.

2. 7월부터 8월에 걸쳐서 더운 날이 계속된다.

☑　1. 年末から年始にかけて、とても忙しい。
　　2. 7月から8月にかけて、暑い日が続く。

문제풀이　Question : 괄호 안에 들어갈 가장 적절한 것을 하나 고르시오.

1. 関西地方から関東地方(　　　　)かけて、大雨が降りました。

　　① と　　　　　　　　　　　　② を
　　③ が　　　　　　　　　　　　④ に

2. 5月から7月中旬に(　　　　)梅雨の季節です。

　　① わたっては　　　　　　　　② かけては
　　③ もどっては　　　　　　　　④ まわっては

☑　1. ④　2. ②

年末_{ねんまつ} 연말　年始_{ねんし} 연시　忙しい_{いそがしい} 바쁘다　7月_{しちがつ} 7월　8月_{はちがつ} 8월　暑い_{あつい} 덥다　日_ひ 날　続く_{つづく}
계속되다　関西地方_{かんさいちほう} 관서지방　関東地方_{かんとうちほう} 관동지방　大雨_{おおあめ} 큰 비　降る_{ふる} 내리다　5月_{ごがつ} 5월
中旬_{ちゅうじゅん} 중순　梅雨_{つゆ} 장마　季節_{きせつ} 계절

ーにいたるまで

☑ Point 1 : 의미　ー에 이르기까지.

☑ Point 2 : 쓰임　어떤 지점, 시점, 상태까지 도달하는 것을 나타내는 형식이다.

예문

① 今日に至るまで彼の行方は不明である。

② 内戦は2015年から現在に至るまで続いている。

③ 彼は出迎えから見送りに至るまでとても親切にしてくれた。

① 오늘에 이르기까지 그 사람의 행방은 불명확하다.
② 내전은 2015년부터 현재에 이르기까지 계속되고 있다.
③ 그 사람은 마중부터 배웅에 이르기까지 아주 친절히 해 주었다.

알아두기

〈ーにいたるまで〉는 주로 어떤 지점, 시점 또는 어떤 상태를 나타내는 말과 결합해서 그 도달점까지 경과를 망라하여 강조하는 형식이다. 기간이나 범위를 나타내는 〈ーにかけて〉와 기능이 유사하지만, 미묘한 차이가 있다. 〈ーにかけて〉는 정해진 기간이나 범위 내에 어떤 행위, 상태, 대상 등이 끊어지거나 건너뛰는 것을 허용하는 반면 〈ーにいたるまで〉는 모두 빠짐없이 망라한다. 〈9時から4時まで・ここからあそこまで〉 등과 같이, 굳이 망라하여 강조할 필요가 없을 때 〈ーにいたるまで〉를 쓰면 부자연스러운 문이 된다. 〈ーから ーにいたって〉는 일반적으로 사용하지 않는 형식이다.

今日 금일, 오늘　至る 이르다　彼 그 사람　行方 행방　不明だ 불명확하다　内戦 내전
2015年 2015년　現在 현재　続く 계속되다　出迎え 마중　見送り 배웅　親切だ
친절하다　9時 9시　4時 4시

---

1. 발끝부터 머리에 이르기까지 흠뻑 젖었다.

_____

2. 그 여자는 구두부터 가방에 이르기까지 전신 핑크색이다.

_____

☑ 1. つま先から頭に至るまで、ずぶ濡れになった。
2. 彼女は靴からカバンに至るまで全身ピンクだ。

　Question : 괄호 안에 들어갈 가장 적절한 것을 하나 고르시오.

1. この小説は子供から大人に至る(　　　　)誰にも愛されている。

　①まで　　　　　　　　　②を

　③から　　　　　　　　　④も

2. 妊娠から出産(　　　　)までには、様々なトラブルが起こる可能性がある。

　①にしたがう　　　　　　②にもとづく

　③にいたる　　　　　　　④にともなう

☑ 1. ①　2. ③

つま先 발끝　頭 머리　至る 이르다　ずぶ濡れ 흠뻑 젖음　彼女 그 여자　靴 구두
全身 전신　小説 소설　子供 아이　大人 어른　誰 누구　愛される 사랑받다　妊娠 임신
出産 출산　様々 여러 가지　起こる 일어나다　可能性 가능성

―にあたって / ―にさいして

☑ Point 1 : 의미　―에 즈음하여.

☑ Point 2 : 쓰임　중요한 일이나 행사에 다다름을 나타내는 형식이다.

예문

① 卒業にあたって、先生に感謝の手紙を書いた。

② 新学期にあたって、新しい学習計画を立てた。

③ 入学に際して、校長先生がお祝いの言葉を述べられた。

① 졸업에 즈음하여 선생님에게 감사의 편지를 썼다.
② 신학기에 즈음하여 새로운 학습계획을 세웠다.
③ 입학에 즈음하여 교장 선생님이 축하 말씀을 하셨다.

알아두기

입학, 졸업, 결혼, 수험 등 중요한 행사에 즈음하여 관련 얘기를 할 때 쓰는 형식으로 격식을 차리는 딱딱한 표현이다. 두 형식 간의 두드러진 차이는 없다. 비슷한 표현으로 '―를 맞이하여'의 뜻을 지니는 〈―をむかえて〉가 있다.

卒業 졸업　先生 선생　感謝 감사　手紙 편지　書く 쓰다　新学期 신학기　新しい 새롭다　学習 학습　計画 계획　立てる 세우다　入学 입학　―に際して ―에 즈음하여　校長 교장　お祝い 축하　言葉 말　述べる 말하다

1. 신청에 즈음해서 필요한 서류를 준비했다.

2. 취직에 즈음해서 새로운 구두와 정장을 샀다.

☑ 1. 申し込みにあたって必要な書類を準備した。
2. 就職に際して新しい靴とスーツを買った。

문제풀이　Question : 괄호 안에 들어갈 가장 적절한 것을 하나 고르시오.

1. 新規事業を始める(　　　)あたってしっかりと準備をしてほしい。

　① と　　　　　　　　　② が
　③ を　　　　　　　　　④ に

2. 使用に(　　　)は周囲の迷惑にならないよう、十分ご注意ください。

　① ついて　　　　　　　② さいして
　③ もとづいて　　　　　④ すぎて

☑ 1. ④　2. ②

申し込み 신청　必要だ 필요하다　書類 서류　準備 준비　就職 취직　－に際して
－에 즈음하여　新しい 새롭다　靴 구두　買う 사다　新規 신규　事業 사업　始める
시작하다　使用 사용　周囲 주위　迷惑 민폐　十分 충분히　注意 주의

245

へとへと / くたくた

☑ Point 1 : 의미　기진맥진 / 기진맥진, 흐물흐물.

☑ Point 2 : 쓰임　사람이나 물건이 매우 힘이 없고 느른한 모양을 나타내는 말이다.

예문

① へとへとでもう歩けません。

② もうくたくただよ。

③ 白菜がくたくたになるまで煮込む。

① 너무 지쳐서 더 이상 걸을 수 없습니다.
② 이미 녹초가 되었다.
③ 배추가 흐물흐물해질 때까지 푹 삶는다.

알아두기

〈へとへと / くたくた〉는 둘 다 사물이 힘이 없고 느른한 모습을 나타내는 말이다.
〈くたくた〉는 사람이나 물건 등에 폭넓게 사용할 수 있지만, 〈へとへと〉는 사람에게
만 사용한다.

歩ける 걸을 수 있다　白菜 배추　煮込む 푹 삶다

---

1. 하루 종일 걸어서 녹초가 되었다.

_____

2. 그 사람은 녹초가 되어 집에 돌아왔다.

_____

☑ 1. 一日中歩いてへとへとになった。
   2. 彼はくたくたになって帰ってきた。

문제풀이 Question : 괄호 안에 들어갈 가장 적절한 것을 하나 고르시오.

1. ひどく疲れた時に「もう(　　　)だよ」などと言う。

   ① ぼそぼそ　　　　　　　② のろのろ
   ③ くすくす　　　　　　　④ へとへと

2. 彼は(　　　)の背広を着ていた。

   ① くたくた　　　　　　　② むかむか
   ③ へとへと　　　　　　　④ あたふた

☑ 1. ④   2. ①

一日中(いちにちじゅう) 하루 종일　歩く(ある) 걷다　彼(かれ) 그 사람　帰る(かえ) 집에 가다　疲れる(つか) 피곤하다　時(とき) 때　言う(い) 말하다　背広(せびろ) 양복　着る(き) 입다

ーにもとづく
(ーにもとづいて / ーにそくして)

☑ Point 1 : 의미 　ー를 기반으로 하다, ー에 기초를 두다(ー를 기반으로 / ー를 따라서).

☑ Point 2 : 쓰임 　무엇인가를 기반, 바탕으로 하거나 추종, 준수하거나 할 때 사용하는 형식이다.

예문

① 成功は努力に基づく。

② データ分析に基づいて未来を予測する。

③ 会社の規定に則して行動する。

① 성공은 노력을 기반으로 한다. (기반·바탕)
② 데이터 분석을 기반으로 미래를 예측한다. (기반·바탕)
③ 회사 규정을 따라서 행동한다. (추종·준수)

알아두기

〈ーにもとづく〉는 'ー에(을) 기반·바탕으로 한다(be based on)'의 의미를 지닌다. 〈ーにもとづいて〉의 형태로도 많이 사용된다. 〈ーにもとづいて〉는 〈ーにそくして〉와 혼용하여 많이 사용하지만, 양자 간에는 차이가 있다. 〈ーにもとづいて〉는 '무엇인가를 기반·바탕으로 하고 그 위에 서서'의 뜻으로 사용되며, 〈ーにそくして〉는 '어떤 기준이나 상황을 단순히 따라서, 쫓아서, 맞춰서'의 뜻으로 사용된다. 〈ーにそくして〉에는 추종·준수한다, 따른다(follow)는 뜻을 내포한다. 〈ーにそくして〉는 〈ーにしたがって〉와 호환 사용이 가능하다.

成功 성공　努力 노력　基づく 바탕을 두다　分析 분석　未来 미래　予測 예측　会社 회사　規定 규정　ーに則して ー을 따라서　行動 행동

1. 시장 수요를 기반으로 제품을 개발한다. (기반・바탕)

_____

2. 국민 요망에 따라서 정책이 변경되었다. (추종・준수)

_____

☑ 1. 市場ニーズに基づいて製品を開発する。
   2. 国民の要望に則して政策が変更された。

문제풀이   Question : 괄호 안에 들어갈 가장 적절한 것을 하나 고르시오.

1. ガイドラインは国際基準(   )基づいて更新される。

   ① に   ② が
   ③ と   ④ を

2. 時代に(   )考え方を変えなければならない。

   ① そうして   ② さいして
   ③ そくして   ④ そして

☑ 1. ①   2. ③

市場 시장 ―に基づいて ―을 기반으로 製品 제품 開発 개발 国民 국민 要望
요망 ―に則して 을 따라서 政策 정책 変更 변경 国際基準 국제기준 更新 갱신
時代 시대 考え方 사고방식 変える 바꾸다

ーにしたがう
(ーにしたがって / ーにつれて)

☑ Point 1 : 의미　－를 따르다(－에(를) 따라(서), －일수록, －와 함께).

☑ Point 2 : 쓰임　무언가를 따르거나, 동반하거나 할 때 사용하는 형식이다.

예문

① それは当社規定に従う。

② 先生の忠告に従って行動する。

③ 年をとるに従って体が弱くなる。

① 그것은 당사 규정에 따른다. (단순 추종·준수)
② 선생님 충고를 따라 행동한다. (단순 추종·준수)
③ 나이를 먹을수록 몸이 약해진다. (점진적 지속적 추종)

알아두기

〈－にしたがう〉는 '－에(를) 따른다(follow)'의 의미를 지닌다. 〈－にしたがって〉의 형식을 취할 때는 (1)단순 추종·준수(－에(를) 따라), (2)점진적 지속적 추종(－일수록, －에(를) 따라)을 나타낸다. 〈－につれて〉는 '－와(를) 동반(함께)하여(go together with)'의 의미를 지니며 점진적 지속적 동반(－일수록, －와 함께)을 나타낸다. 미세한 뉘앙스 차이가 있기는 하지만 〈－にしたがって〉의 용법 (2)는 기능 면에서 〈－につれて〉 용법과 아주 유사하다. 호환 사용도 가능하다.

当社 당사　規定 규정　従う 따르다　先生 선생님　忠告 충고　行動 행동　年 나이　体 몸　弱い 약하다

---

1. 레시피에 따라서 요리를 만든다. (단순 추종・준수)

_____

2. 어두워질수록 더욱 추워졌다. (점진적 지속적 동반)

_____

☑ 1. レシピに従って料理を作る。
  2. 暗くなるにつれて、いっそう寒くなった。

Question : 괄호 안에 들어갈 가장 적절한 것을 하나 고르시오.

1. 警察の指示に(　　　)落ち着いて行動してください。

  ① つれて　　　　　　　　② さからって

  ③ したがって　　　　　　④ はなれて

2. 日本にいる時間が長くなる(　　　)つれて日本語が上手になります。

  ① と　　　　　　　　　　② が

  ③ も　　　　　　　　　　④ に

☑ 1. ③　2. ④

ー に従って −를 따라　料理 요리　作る 만들다　暗い 어둡다　寒い 춥다　警察 경찰　指示 지시　落ち着く 침착하다　行動 행동　日本 일본　時間 시간　長い 길다　日本語 일본어　上手だ 잘하다

一に(を)ともなう (一に(を)ともなって / 一とともに)

☑ Point 1 : 의미　−를 동반하다, −와 함께하다(−를 동반하여, −일수록, −와 함께, −와 동시에)

☑ Point 2 : 쓰임　무언가를 동반하거나, 동시 사태를 나타낼 때 사용하는 형식이다.

예문

① この仕事は危険を伴う。

② 妻をともなって(とともに)コンサートへ行く。

③ 年をとるにともなって(とともに)、体が弱くなる。

① 이 일은 위험을 동반한다. (단순 동반)
② 아내를 동반하여 콘서트에 간다. (단순 동반)
③ 나이를 먹을수록 몸이 약해진다. (점진적 지속적 동반)

알아두기

〈−に(を)ともなう〉는 '동반한다(go together with)'의 의미를 지닌다. 〈−に(を)ともなって〉는 (1)단순 동반(−을 동반하여), (2)점진적 지속적 동반(−일수록, −와 함께), (3)인과관계에 의한 동반(−와 함께)을 나타낸다. 〈−とともに〉는 '동반하여(go together with)'와 '동시에(at the same time)'의 의미를 지닌다. 따라서 〈−とともに〉에는 〈−に(を)ともなって〉 (1)(2)(3) 기능에 더해서 (4)병렬관계에 의한 동시 사태(−와 동시에)를 나타내는 기능이 추가된다. 병렬관계에 의한 동시 사태에 〈−に(を)ともなって〉를 쓰면 비문이 될 수 있으므로 조심한다.

仕事 일　危険 위험　伴う 동반하다　妻 아내　行く 가다　年 나이　体 몸　弱い 약하다

---

1. 지진과 함께 쓰나미가 일어났다. (인과관계 동반)

2. 그 사람은 잘생긴 데다, 동시에 스타일도 좋다. (병렬관계 동시 사태)

☑ 1. 地震にともなって(とともに)津波が起こった。
   2. 彼はハンサムであるとともに、スタイルもいい。

문제풀이　Question : 괄호 안에 들어갈 가장 적절한 것을 하나 고르시오.

1. 交通事故(　　　)、渋滞が発生した。

   ① にもとづいて　　　　　　② にともなって
   ③ にしたがって　　　　　　④ にさいして

2. 彼女は歌手である(　　　)、画家でもある。

   ① にともなって　　　　　　② にしたがって
   ③ とともに　　　　　　　　④ につれて

☑ 1. ② 2. ③

地震 지진　津波 쓰나미　起こる 일어나다　彼 그 사람　交通事故 교통사고　渋滞 정체
発生 발생　彼女 그 여자　歌手 가수　画家 화가

―による(―によって)

☑ Point 1 : 의미　　―에 의하다(―에 의해), ―에 기인하다(―에 기인해).

☑ Point 2 : 쓰임　　판단 근거, 변화 원인, 수단 등을 나타내는 형식이다.

예문

① 天気予報によると、明日は雨だそうだ。

② その事故は不注意による。

③ 選挙によって首相を決める。

① 일기예보에 의하면 내일은 비가 온다고 한다.　(판단 근거)
② 그 사고는 부주의에 의한다.　(변화 원인)
③ 선거에 의해 수상을 결정한다.　(수단)

알아두기

(1)판단 근거를 나타낼 경우에는 〈拠る〉를, (2)변화 원인을 나타낼 경우에는 〈因る〉를, (3)수단을 나타낼 경우에는 〈依る〉를 사용한다. (4)행위 주체 〈ショパンによって作られた〉나, (5)경우 〈人によってまちまちだ〉를 나타내는 용법에 대해서도 알아두도록 하자. 〈規定に拠る / 基づく / 従う〉는 모두 유사한 뜻으로 사용되지만, 규정에 '판단 근거를 두다, 바탕을 두고 그 위에 서다, 규정에 따르다' 정도의 미묘한 차이는 있다.

天気予報 일기예보　　明日 내일　　雨 비　　事故 사고　　不注意 부주의　　選挙 선거　　首相
수상　　決める 결정하다　　拠る 의하다　　因る 의하다　　依る 의하다　　作られる 만들어지다
人 사람　　規定 규정　　基づく 바탕을 두다　　従う 따르다

---

1. 태풍에 의해 그 시합은 연기가 되었습니다. (변화 원인)

_____

2. 법률에 의해 제한된다. (판단 근거)

_____

☑ 1. 台風によって、その試合は延期になりました。
   2. 法律によって制限される。

문제풀이　Question : 괄호 안에 들어갈 가장 적절한 것을 하나 고르시오.

1. 木村さん(　　　)よると、金さんはもうすぐ結婚するそうだ。

　①を　　　　　　　　　②が
　③なら　　　　　　　　④に

2. これは手作業に(　　　)作られた。

　①かんして　　　　　　②ついて
　③わたって　　　　　　④よって

☑ 1. ④　2. ④

台風 태풍　試合 시합　延期 연기　法律 법률　制限 제한　木村 기무라　金 김　結婚
결혼　手作業 수작업　作られる 만들어지다

ーにおうじる（ーにおうじて）

☑ Point 1 : 의미 ー에 (부)응하다, ー에 맞추다(ー에 응해서, ー에 맞춰서).

☑ Point 2 : 쓰임 누군가, 무언가에 대응해서 행동하는 것을 나타내는 형식이다.

예문

① お客様の要望に応じる。

② 招待におうじてくれる。

③ 学力におうじて、クラスを分ける。

① 손님의 요망에 부응한다.
② 초대해 응해 준다.
③ 학력에 맞춰서 클래스를 나눈다.

알아두기

〈ーにおうじて〉는 〈ーにあわせて〉와 호환 사용이 가능하다. 언뜻 'ー를 따르다'의 의미를 갖는 〈ーにしたがって〉와도 호환이 가능할 것 같지만, 이들은 구별하여 사용한다. 일반적으로 〈ーにおうじて〉는 사람의 기대, 뜻, 요구 등에 부응하거나, 전개되는 상황 정도에 맞추는 경우에 사용하며 〈ーにしたがって〉는 정해진 법률, 규정, 지시, 안내 등을 추종하고 준수하고 따르는 경우에 사용한다. 〈JLPTは点数によって合否が決まる〉와 같이 양자택일의 경우에는 〈におうじて〉는 사용이 불가하다.

お客様 손님 要望 요망 応じる 부응하다, 맞추다 招待 초대 学力 학력 分ける 나누다 点数 점수 合否 합격 불합격 決まる 정해지다

1. 앙코르에 응해서 한 곡 더 연주했다.

_____

2. 상황에 맞춰서 행동한다.

_____

☑ 1. アンコールに応じてもう一曲演奏した。
   2. 状況に応じて行動する。

문제풀이   Question : 괄호 안에 들어갈 가장 적절한 것을 하나 고르시오.

1. 確認して必要に(　　　)修正してください。

   ① したがって　　　　　　② わたって
   ③ おうじて　　　　　　　④ もどって

2. 購入金額(　　　)おうじて、ポイントが貯まる。

   ① から　　　　　　　② と
   ③ まで　　　　　　　④ に

☑ 1. ③   2. ④

応じる 부응하다, 맞추다   一曲 한곡   演奏 연주   状況 상황   行動 행동   確認 확인
必要 필요   修正 수정   購入金額 구입금액   貯まる 쌓이다

어휘·문형	125	ーにおける(ーにおいて)
level	N3	

☑ Point 1 : 의미   ―에서, ―에 있어(서).

☑ Point 2 : 쓰임   동작이 행해지는 장소, 상황, 분야, 시간 등을 나타내는 형식이다.

예문

① 公共の場における飲酒を禁止する。

② 2020年のオリンピックは東京において行われた。

③ AI活用においての注意点を教えてください。

---

① 공공장소에서 음주를 금지한다.
② 2020년 올림픽은 도쿄에서 행해졌다.
③ AI활용에 있어서 주의점을 알려주세요.

알아두기

〈―における・―において〉는 장소, 상황, 분야, 시간 등을 나타내는 조사 〈―で〉의 문어적 말투이다. 문어체 표현이므로 일상적 회화에서는 될 수 있으면 피하도록 한다. 〈―において〉와 유사 형식으로 〈―にとって〉가 있다. 장소, 상황, 분야, 시간 등을 나타낼 때 사용하는 〈―において〉와 달리 〈―にとって〉는 주로 사람이나 조직을 나타낼 때 사용한다. 〈―にとって〉는 한국어 '―에게'의 뜻을 지닌다.

公共の場 공공장소   飲酒 음주   禁止 금지   2020年 2020년   東京 도쿄   行われる 행해지다   活用 활용   注意点 주의 점   教える 알려주다

1. 직장에서 차별은 여러 가지 형태로 이루어지고 있다.

_____

2. 무역 협의에 있어 큰 진전이 있었다.

_____

☑ 1. 職場における差別はさまざまな形で行われている。
  2. 貿易協議において大きな進展があった。

Question : 괄호 안에 들어갈 가장 적절한 것을 하나 고르시오.

1. 車内(   )おける携帯電話のご利用はご遠慮ください。

   ① から   ② で
   ③ に   ④ を

2. 数学に(   )誰にも負けない。

   ① とっては   ② とるのは
   ③ おいては   ④ おけるのは

☑ 1. ③   2. ③

職場 しょくば 직장 差別 さべつ 차별 形 かたち 형태 行われる おこなわれる 이루어지다 貿易 ぼうえき 무역 協議 きょうぎ 협의 大きな おお 큰 進展 しんてん 진전 車内 しゃない 차내 携帯 けいたい 휴대 電話 でんわ 전화 利用 りよう 이용 遠慮 えんりょ 삼가 数学 すうがく 수학 誰 だれ 누구 負ける ま 지다

しゃきしゃき / さくさく

☑ Point 1 : 의미   아삭아삭, 삭둑삭둑 / 아삭아삭, 삭둑삭둑, 바삭바삭.

☑ Point 2 : 쓰임   물건을 입으로 씹거나 칼 등으로 자를 때 나는 경쾌한 소리를 나타내는 말이다.

예문

① りんごのしゃきしゃきとした食感が好きだ。

② さくさくと白菜を刻む。

③ さくさくの天ぷらが食べたい。

① 사과의 아삭아삭한 식감을 좋아한다.
② 삭둑삭둑 배추를 썬다.
③ 바삭바삭한 튀김을 먹고 싶다.

알아두기

〈しゃきしゃき〉는 주로 채소류를 입으로 씹거나 칼로 자를 때 나는 경쾌한 소리를 나타낸다. 이에 비해〈さくさく〉는 채소류뿐만 아니라 튀김류, 과자류 등을 아우르는 소리로〈しゃきしゃき〉보다 쓰임의 폭이 넓다.

食感 식감   好きだ 좋아하다   白菜 배추   刻む 썰다   天ぷら 튀김   食べる 먹다

1. 이 양상추는 아삭아삭하고 신선도가 좋다.

2. 이 쿠키는 바삭바삭하고 맛있다.

☑ 1. このレタスはしゃきしゃきしていて鮮度がいい。
2. このクッキーはさくさくしていて美味しい。

문제풀이   Question : 괄호 안에 들어갈 가장 적절한 것을 하나 고르시오.

1. きゅうりを噛む時、(　　　　)と音が鳴る。

    ① しゃきしゃき   ② こんこん
    ③ どんどん   ④ ごろごろ

2. この豚カツ、外は(　　　　)していて中はジューシー。おいしい！

    ① どろどろ   ② さくさく
    ③ ベタベタ   ④ ぬるぬる

☑ 1. ①   2. ②

鮮度 신선도   美味しい 맛있다   噛む 씹다, 물다   時 때   音が鳴る 소리가 울리다, 소리가
나다   豚カツ 돈가스   外 밖   中 안

저 자 약 력

이동욱

한양여자대학교 실무일본어과 교수
히로시마대학 박사

이병만

한양여자대학교 실무일본어과 교수
고쿠가쿠인대학 박사

중급일본어 어휘 · 문형 해설

초판 1쇄 인쇄　2024년 11월 29일
초판 1쇄 발행　2024년 12월 05일

저　　자　이동욱 · 이병만
발 행 인　윤석현
발 행 처　제이앤씨
책임편집　최인노
등록번호　제7-220호

우편주소　서울시 도봉구 우이천로 353
대표전화　02) 992 / 3253
전　　송　02) 991 / 1285
전자우편　jncbook@hanmail.net

ⓒ 이동욱 · 이병만　2024 Printed in KOREA.

ISBN 979-11-5917-252-6　13730　　　　　　　　　정가 22,000원